品世界名画，学精彩作文

特级教师的“名画”作文教学法

李日芳◎著

江蘇鳳凰教育出版社
Phoenix Education Publishing, Ltd

图书在版编目（CIP）数据

品世界名画，学精彩作文：特级教师的“名画”作文教学法 / 李日芳著. —南京：江苏凤凰教育出版社，2016.11

ISBN 978-7-5499-6133-7

Ⅰ.①品… Ⅱ.①李… Ⅲ.①作文课—教学法—中小学 Ⅳ.①G633.342

中国版本图书馆CIP数据核字（2016）第282027号

书　　名 品世界名画，学精彩作文——特级教师的“名画”作文教学法
作　　者 李日芳
责任编辑 雷利军　张晓兰
出版发行 凤凰出版传媒股份有限公司
江苏凤凰教育出版社（南京市湖南路1号A楼　邮编210009）
苏教网址 http：//www.1088.com.cn
照　　排 北京世纪鸿文制版技术有限公司
印　　刷 三河市九洲财鑫印刷有限公司
厂　　址 河北省三河市灵山大口
开　　本 787毫米×1092毫米　1/16
印　　张 14
插　　页 30页
字　　数 229千字
版　　次 2017年2月第1版　2017年2月第1次印刷
书　　号 ISBN 978-7-5499-6133-7
定　　价 36.00元
网店地址 http：//jsfhjycbs.tmall.com
邮购电话 025-85406265,85400774　短信　02585420909
E - mail jsep@vip.163.com
盗版举报 025-83658579

前言

在世界名画里作文

欧洲绘画史是世界文化之林中的一朵艺术奇葩。每每翻开画册，伴着油墨之香扑面而来的是高贵而典雅的艺术气息，使人精神为之一振。一幅幅精美绝伦的巨作，使我为之倾倒，不由心驰神往，流连于风情万种的异国他乡，恣意地放牧缤纷的思绪。

美画观时不尽兴，心驰神往画里游。那是一次次诗意的栖居呀！我尝试着把画里的生活当作写作的素材，让学生在世界名画里作文。学生居然与我一样乐于在画里放飞心情，然后“情动而辞发”，抒写了一篇篇有境有情、有香有色的好作文。

一、对话，画中人物

西方人物画以高度追求写实效果为特征，通过光影、色彩、透视等艺术方式使人物栩栩如生，呼之欲出。即使掩上画册，一个个光彩照人的人物依然如影随形地活在眼前，挥之不去。“蒙娜丽莎”神秘的微笑，“微笑的骑士”不屑的神情，“倒牛奶的女佣”肃穆庄重的气质……

一次，我与学生一起欣赏米勒的《拾穗者》，学生惊为天人之作，纷纷感叹他画得太逼真了。是的，面对作品，我们闻到了泥土的气息，感受到了乡村妇女拾穗时的喜悦与伤感。

“假如身临其境，你会向她们投去怎样的目光？”我问。

“同情，因为她们衣着破旧，显然是穷人。”

“敬重，她们衣着虽旧，但不褴褛；她们体态健硕，谈不上美丽，但谦卑地躬下身子，在大地里寻找撒落的麦穗，表达着对大地的尊重。”

“赞叹，她们弯腰劳累，却依然执着，是那样耐劳，那样辛勤。”

学生们带着一颗善良的心看画上的“拾穗者”。我因势利导：“你们有话对她们说吗？有话要问她们吗？”一石激起千层浪。

“她们是谁?”

“她们为什么来拾穗?”

“她们是在自己的土地上拾穗吗?”

一个个问号打开了一扇扇心扉，“拾穗者”的形象不断丰满起来。学生们读懂了乡村妇女生活的艰难与困苦、心地的纯朴与良善、生命的顽强与坚韧，心中油然升起了敬意。米勒的一位艺术辩护人朱理·卡斯塔奈里曾这样描述《拾穗者》：“我看到三个弯腰的农妇正在收获过的田里捡拾落穗，这比见到一个圣者殉难还要痛苦地抓住我的心灵。”因为劳动是最美丽的，有希望是最美丽的，自然的生活是最美丽的，哪怕生活中还有贫穷，还有艰难。

二、回望，画中历史

题材是美术作品的构成因素。在欧洲社会变迁最为频繁的时期，大批有社会责任感的画家选择用画笔记录历史事件，以战争或革命中的事件为绘画题材，画出了一幅幅史诗般的画卷。历史是理性的，但画家用艺术的眼光看历史，使历史画既有审美性，又有强烈的情感性。每每欣赏，随着画页的翻动，我们仿佛穿越历史的烟尘，回到那波澜壮阔的岁月，心绪不由得为之澎湃。

《自由引导人民》是一幅家喻户晓的油画巨作。画家德拉克洛瓦手握如椽巨笔，饱蘸着喷涌而出的强烈感情色彩，形象地再现了1830年法国七月革命轰轰烈烈的战斗场面。我曾请学生交流观画时的心情，他们不约而同地说：“太激动了，热血为之燃烧，激情为之沸腾!”

“你们看到了什么?”我继续问。

“看到了美丽的自由女神，高擎着自由、平等、博爱的旗帜冲向腐朽社会。”

“看到了成千上万觉醒的人民，前赴后继冒着敌人的炮火前进。”

“看到了旧世界在英雄志士的冲锋陷阵中轰然倒塌!”

……

“你们又听到了什么？你们又感受到了什么呢？”我引导学生一步一步走进了画里，使学生仿佛投身于悲壮激烈的战场，感受到人们对自由的渴望，感受到正义的力量，耳畔响起大诗人拜伦激情燃烧的诗句：“自由！你的旗帜虽然已被撕破，但仍在大雷雨中迎风飘扬，你的号角声虽然已经破碎而逐渐微弱，但它仍超过暴风雨的最高声浪……”心中澎湃着激情，笔下的言辞自然如泉而涌。

三、沉醉，画中风景

春去花还在，人来鸟犹啼。西方风景画师法自然，画家凭借严格的焦点透视和纯熟的绘画技艺，总使我们产生惊异的真实之感，仿佛置身于美丽的风景之中。况且，画家们还带着深深的情感，以五彩的颜料赞美大自然的千姿百态，更让观者身临其境。欣赏法国巴比松画派柯罗的作品《蒙特枫丹的回忆》，我们仿佛就在画家的身旁，沿着他七彩的画笔徜徉于静谧的田园，漫步于绿水青山间。

一次，欣赏柯罗的《蒙特枫丹的回忆》，学生一下子就被那披着一层淡淡的水雾的湖畔林地恬静、优美的景致迷住了。我问：“假如我们走进画中的风景，你最喜欢做什么？”

“最喜欢荡舟在如明镜般的湖面，晨风拂过脸颊，多么惬意呀！”

“最喜欢仰面躺在铺满野花的湖畔草地上，呼吸着混合了泥土气息与花香的空气，那一定也是一种别样的快意。”

“最喜欢什么事也不做，静静地站在湖畔，站在枝叶茂密的古树下，远离都市的喧嚣，忘我地陶醉一番。”

……

学生们侃侃而谈，仿佛身临其境。在这弥漫着田园诗般的梦幻风景里，他们聆听鸟儿的鸣唱，欣赏微风拂过湖面荡开的金色涟漪，感受大自然生命勃发时的盎然生机，或者与画中人一同采野花、尝野果，接受大自然的无私馈赠……学生们真的是流连忘返。我告诉他们，经典的画作之所以会起到令人神往的效果，是因为画家对所表现的艺术对象有着深厚的感情，柯罗就说过：“艺术就是爱。”“当你画风景时，要先找到形，然后找到色，使色度之间很好地联系起来……这也就是现实。但这一切要服从于你的感情。”写作文也是如此，有了爱才有语言。画家通过画把他对大自然的感情表露无遗，感染了我们，也点燃了我们对大自然深深的爱。

四、参悟，画中意象

中国画讲求意在笔先，追求“笔不周而意周，笔不工而心恭”的艺术效果。无独有偶，欧洲文艺复兴之后出现的超现实主义绘画冲破传统绘画强调对自然物象再现的蕃篱，开创了用点、线、色块和几何图形表现主题的崭新的艺术形式。文艺复兴运动使欧洲绘画迎来了一个崭新的时代。翻开大师们五彩斑斓的鸿篇巨画，虽不“像”，但每一幅都能激起内心的共鸣。从达利的《记忆的永恒》中，我们忍不住感叹：“时间都去哪儿了？”而从蒙克的《呐喊》中，我们仿佛听到了从天外传来的撕裂心扉的呐喊，震颤着我们的心弦……

与学生一起欣赏毕加索的不朽名画《格尔尼卡》时，我对学生说：“大哲学家叔本华说过，‘一切艺术都向往着音乐的情态’，面对这幅画，你的心中会响起怎样的音乐旋律呢？”

“悲怆！”有学生说，“看到年轻的母亲怀抱死去的婴儿仰天哭号，美丽的姑娘在仰天狂叫，还有俯身奔逃的女子是那样仓惶……我们的心也在战栗。”

“悲愤！”有学生说，“战士断剑长街，战马长嘶不能驰骋沙场，令每一个热爱和平、坚持正义的人为之流下两行眼泪。”

“心中依然充满着希望。”有学生说，“那盏好似一只惊恐眼睛的电灯，那个手持油灯的女人，使我们看到正义终将战胜邪恶，和平一定取代战争……”

“艺术不是技巧的事业，而是心灵的事业。”学生从《格尔尼卡》中，读懂了毕加索那慈悲的情怀，读懂了画家对法西斯暴行的强烈抗议和满腔的愤怒，真正明白了画家所说的：“我是依我所想来画对象，而不是依我所见来画的。”从画家独特的剪贴画艺术语言里，我们参透了画家作画的真谛，那悲愤、恐惧但充满希望的情感旋律在心中久久地回荡着。此时，不待教师布置作文，学生的写作欲望已如箭在弦上，不得不发了。

五、复活，画中神话

用丰富的色彩讲述美丽的神话故事，我一直感觉西方的神话故事画是最赏心悦目的一类艺术作品。画家们以写实的笔法塑造神话中的人物形象，又以浪漫的笔触构思神话故事的神奇情节。读之，一个个唯美的神话人物形象栩栩如生，呼之欲出，会朝你笑，会对你哭，动人心魂，惹人怜爱；静心再读之，一个个形象仿佛会迈出画面朝你款款走来，讲述他们的曼妙故事。每一次欣赏，都能使人获得意趣永恒的艺术享受。

一次，我与学生欣赏波提切利的《维纳斯的诞生》。碧海蓝天的背景，维纳斯略带忧郁地站在贝壳上的形象，吸引了学生的注意。我告诉学生："画家只画了诞生的瞬间，但从这充满动态的画面中，我们有理由相信'诞生'的过程同样是美丽的。你能'复活'画面中的人物，完整地展现维纳斯诞生过程的美吗？"学生们凝视画中人物的情态，张开想象的翅膀，看到海面泛起了微波，维纳斯从碧波中轻盈升起，风神向她撒来玫瑰花瓣，并把她吹向岸边，守候在岸边的春神连忙张开花衣迎接她的到来……

学生将神奇、美妙的想象娓娓道来，"复活"了画中每一个形象，使画面有如诗歌般地铺展开来。同时，唯美的画面幻化成的情节过程美，愉悦着身心，欣赏者情由境生，言由情起。于是，眼前的美丽的画面自然演绎成一篇篇洋洋洒洒的美文。

目录

第一篇　对话，画中人物

第二篇　回望，画中历史

第三篇　沉醉，画中风景

第四篇 参悟，画中意象

第五篇　复活，画中神话

第一篇

对话，画中人物

西方人物画追求写实效果，通过光影、色彩、透视等艺术方式使人物栩栩如生，呼之欲出。

拾穗的母亲

——品析米勒的《拾穗者》兼精彩作文

画家与画

让·弗朗索瓦·米勒（1814—1875年）是法国近代绘画史上最受人民爱戴的画家。米勒出身于农民家庭，爱农村，同情农民。善良、穷苦、任劳任怨的农民便是米勒要呕心沥血地赞美歌颂的形象。正如罗曼·罗兰所言：“他们日复一日地劳动，来养育这伟大的民族；他们日复一日地劳动，来缔造这美丽的国家。”

《拾穗者》是米勒最重要的代表作。这是一幅十分真实的、亲切美丽的，又给人以丰富联想的农村劳动生活的画。在这幅画中，米勒采用横向构图描绘了三个正在弯着腰，低着头，在收割过的麦田里捡拾遗落的麦穗的农妇形象，她们穿着粗布衣裙和沉重的旧鞋子。在她们身后是一望无际的麦田、天空和隐约可见的劳动场面。米勒没有正面描绘她们的面部，也没有做丝毫的美化，她们就如现实中的农民一样默默地劳动着。我们虽然看不清这三个农妇的脸，但从她们的神态中能感受到一种坚毅的力量。也许她们已经很累了，但仍在坚持，这种力量或许是源于生活的压力，或许是源自对美好生活的向往。罗曼·罗兰曾评论说：“米勒画中的三位农妇是法国的三女神。”

微教案

一、整体浏览

1. 画面表现的是什么时间？什么地点？（秋天，庄稼成熟了；夕阳西下，一望无际的麦地）

2. 画中有哪些人物？（近景：三位拾穗的农妇；背景：树木、麦秸垛、骑马的人等）

二、观察人物

1. 逐一观察三位农妇的穿戴、动作、表情，如右边的妇女。

右边的妇女
- 穿戴：褐色的帽子、布衣、围裙
- 动作：弯腰、手捏一束麦子
- 表情：漠然地看着地上

2. 三位农妇的形象有哪些地方相同，哪些地方不同？

三、拾穗想象

1. 三位农妇为什么要来拾穗？

2. 她们拾穗时，会想到什么？

四、情动辞发

1. 欣赏这幅世界名画时，你的心情是怎样的？

2. 1857 年，米勒的《拾穗者》展出后引起了巨大的震动，米勒的一位艺术辩护人朱理·卡斯塔奈里曾这样来描述这幅画：“现代艺术家相信一个在光天化日下的乞丐确实比坐在宝座上的国王还要美。”你同意这一观点吗？

教师作文

拾穗的母亲

晚霞挂在天边，鸟儿开始归巢，晚风轻轻地吹过田野。

田野空荡荡的，庄稼已经收割完了。麦秸垛这儿一堆那儿一堆，罩着金色的晚霞，像一个个金色的宝塔，立在麦田里。稻草人完成了看护庄稼的使命，躺在田埂边，终于可以休息了。远处，几辆马车满载着金灿灿的麦穗，停在路边。庄稼人脸上洋溢着丰收的喜悦，一年的辛苦没有白费，汗水终于换来了大丰收。

那位扎红色头巾的母亲身子弯成九十度，右手不停地拾捡着，左手握着一束麦穗。她胸前的袋子半鼓着垂了下来，看来今天的收获不小。孩子们好长时间没有吃到面了，虽然野菜、烂菜叶也能填饱肚子，但因为缺乏营养，孩子们个个面黄肌瘦。一个才会爬，一个五岁，正是长身体的时候，做母亲的心疼啊，哪个孩子不是母亲的心头肉！明天把这些麦子晒干了磨成面，得给他们好好地改善改善。母亲想：做什么吃呢？做成面条？可是擀面杖好长时间没用，脏得不得了……还是做馒头吧，简单些……不，做包子，老大可爱吃包子了……没肉呀……不是可以做野菜包吗？好歹也是包子……母亲不断地改变主意，嘴角不时露出微笑。

好大的一穗麦子呀！扎蓝头巾的母亲发现了一株特别饱满的麦穗，黄澄澄的，像一串金子。她急忙弯下腰去捡，可是她已经被不断重复的弯腰动作累坏了，早已疲惫不堪，只能将左手撑在腰后来支撑身体。

那位穿着灰色衣服的老年妇女，一脸尽是沧桑的皱纹。她斜挎的布袋还瘪瘪的，看来收获不大。她一定累了，弓着身子站着，一手捏着一束麦穗，正仔细地巡视那已经拾过一遍的麦地，看是否有漏捡的麦穗。这位老母亲逝去的丈夫曾经是一个种庄稼的“好把式”，种的庄稼季季丰收。春天，她曾经和丈夫一起播种，种下丰收的希望；秋天，她和丈夫站在丰收的田野上，望着金子般的麦田，陶醉在丰收的喜悦里……可是，丈夫去世得早，孤儿寡母无力耕地，田地被地主收了回去。从此，她们一家成了“失地农民”，从此，再也没有享受到丰收的喜悦……“唉——”老母亲叹了口气，把麦穗轻轻地放进了布袋里。

晚霞从天边消失了，田野里静悄悄的。

母亲们踏着月色回家了，明天她们还会来吗？

在钟声的红羽里祷告

——品析米勒的《晚祷》兼精彩作文

画家与画

《晚祷》描述一对农民夫妇在远处教堂钟声响起时，放下手中的工作，虔诚地祈祷。米勒画此画是因为回想到童年时代在田间劳动时，每当晚钟响起，祖母一家人总要停止工作，为可怜的死者祈祷。《晚祷》的主题不单是对命运的谦恭和柔顺，更重要的是缅怀在那片大地上辛勤劳动、流尽汗水以养育众生的农民。

《晚祷》是米勒比较有名的作品之一，在米勒去世之后，这幅画几经易手，最后由一位法国人以 80 万法郎购得，并捐赠给法国政府。

微教案

一、整体浏览

1. 画面表现的是什么时间？是从哪儿看出来的？

2. 画的是什么地方？（田野里）

3. 描绘了一件什么事？（农民夫妇虔诚祷告）

二、人物观察

1. 画面上的人物给我们留下了怎样的印象？（勤劳、贫穷、虔诚、健康……）

2. 你听见钟声了吗？

3. 观察农夫。

老实巴交的庄稼汉
- 身材结实，衣裳破烂打着补丁
- 低头直立，双手拿着草帽
- 表情肃穆，心无旁骛
- 默默祷告

三、想象钟声

1. 读诗。

当，当，当……
远处教堂的钟声，悠悠地响起。
像是来自天堂的乐音，缓缓温柔，
覆盖了整个大地。
是辽远的、亘古的声音。
那之中，一定蕴藏着无形的恩慈与悲悯。
给予大地，给予小草，给予秋风，
给予天空，给予飞翔的云雀，
更是给予，存在于这个世间的，平凡的我们。

（选自“异香女子的博客”）

2. “给予大地，给予小草，给予秋风，给予天空，给予飞翔的云雀”，通过这句诗，你看到了一番怎样的景象？如给予小草，小草渐渐绿了，轻轻地摇着修长的身子，跳着欢乐的舞蹈……

3. 如果给予画上勤劳的夫妇，他们的表情、心情会发生什么样的变化？

四、身临其境

1. 假如你就站在“画”里，听见钟声时你的心情是怎样的？

2. 你会祷告什么？

教师作文

在钟声的红羽里祷告

夕阳坠下山谷，余晖挂在西天。一群鸟儿拍着翅膀从天边飞来，飞在归巢的路上。

这是个收获的季节，麦香混合在尘雾中，弥散在一望无垠的田野上。一对中年夫妇在地里收获马铃薯。丈夫披着一件破烂的外套，还打着几个补丁。他身强力壮，一脸憨厚，是个老实巴交的庄稼汉。他手上沾满泥巴，挥舞着锄头在前面挖马铃薯。妻子身材高挑，穿着暗红色的旧外套，围着一条褪色的围裙。尽管皮肤红黑，岁月的痕迹悄悄爬上了额头，但依然掩不住她曾经的美丽，她年轻时一定是个远近闻名的美女。她挎着竹筐跟在丈夫的身后，一个不落地把马铃薯捡进竹筐里。一辆小小的木轮车停在旁边，车上装着两袋马铃薯，看来今天的收获还不小。虽说土地贫瘠了些，种不出像地主家那么大的马铃薯，但毕竟是自家的田地，不用缴纳田租，收多少都是自己的。夫妻俩这样想着，也没什么好抱怨的，脸上漾起一丝丝笑意。

“当，当，当……”远处传来悠悠的钟声。那是教堂晚祷的钟声，夫妻俩下意识地停下手里的活儿，深深地低下头，双手合放在胸前，一动不动地站在夕阳里，伴着钟声虔诚地祷告起来……

“当，当，当……”夫妻俩一脸庄重，心无旁骛，沐浴在悠悠的钟声里……钟声仿佛化作片片红羽，借着晚风的翅膀飞向天空，融进了漫天的红霞之中。那红霞仿佛又伴着钟声飘然落下。啊，美丽的染着霞光的红羽，落在了草上，落在了花上，草醒了，花开了，开得非常鲜艳；落在了小河里，小河泛起了清波，鱼儿们欢快地游着；落在了归巢鸟儿的翅膀上，鸟儿们带着钟声的祝福，飞回了家，歌声更清脆了……

啊，那钟声的红羽伴着红霞的祝福，落在了勤劳的中年夫妇的头上，使他们豁然开朗，心田一下子澄澈起来，仿佛有一股清清的风拂过心上，带着淡淡的花香……

漫天的晚霞下，悠扬的钟声里，这对辛苦的夫妻久久地站着……

为了大地的丰收

——品析米勒的《播种者》兼精彩作文

画家与画

1850年，米勒在巴黎沙龙展出的《播种者》为他赢得了广泛的赞誉。画面中，播种者有节奏地挥动着撒种的手臂，迈着雄健阔大的步子前进。艺术批评家戈蒂埃看了这幅画以后指出："播种者好像是用泥土本身塑造出来的一样。"从这幅画中，我们看到了农民和土地休戚与共的关系。作家雨果从这幅画中看到对人民创造力量的赞美，因而予以其充分的肯定。荷兰画家梵高评述说："在米勒的作品中，现实的形象同时具有象征的意义。"

微教案

一、看画品诗

播种的季节——黄昏

（法国）雨果

这正是傍晚的时候。
我坐在环形门下观赏
落日余晖，它照临
一日最后的农忙。

我深受感动地凝视
一个衣衫褴褛的老头，
在苍茫的田野上，一把把

将未来的收成撒进犁沟。

他那高大的深色身影，
横斜控制深耕的土地。
他多么有把握地相信呵，
时光的消逝并非无益。

他在广阔的平原上走动，
一去一来，向远方抛掷颗粒，
重新张开手，合拢又张开。
而我，无名的知己。

当播种者神圣的手势，
在杂有喧嚣的夜影中
向空中扬起，仿佛直薄
天上的星星，我在沉思。

二、整体观察

画面可以分为几个部分？

天空：夕阳、晚霞。

大地：早春田野、肥沃的土地。

近景：辛勤的农民。

远景：耕牛、忽飞忽落的小鸟。

三、观察播种者

1. 你喜欢这位播种者吗？为什么？

2. 外表观察。

身材：魁梧高大。

穿着：身穿赭红色上衣、蓝色裤子，头戴深褐色毡帽，脚着大木靴，腰挂种子袋。

动作：雄健的步伐，撒播种子。

3. 播种者可能会想些什么？（对丰收的憧憬）

四、身临其境

假如我们也在播种的现场，你还会看到什么？听到什么？（早春的大

地充满着无限的生机，空气是那样的清新，散发着泥土的芬芳，夕阳沐浴下的播种者恍如顶天立地的塑像）

教师作文

为了大地的丰收

冬天过去了，新年的希望在解冻的泥土下萌动。

啊，春天来了！

大叔等待了一个冬天，今天一大早，就带上了准备好的种子来到自家的田地里，开始了新年第一场播种。

大叔是我们村里远近闻名的种庄稼的“好把式”，他身材魁梧，腰板挺拔，浑身有的是力气。大叔属于做事风风火火的人，饱经风霜的脸上，嵌着一双浓眉大眼，走起路来踩得地板都会颤动。大叔一向勤俭，那赭红色的上衣、蓝色的裤子，不知穿了多少年了，打着补丁依然穿着。

这是早春的田野，虽然依然萧条，但迎面吹的风不再寒冷，空气中带着淡淡的甜润。隐约可以感觉到光秃秃的树枝似乎饱胀着绿意，枯黄的草丛蕴藏着春色，好像只要一声令下，一簇簇的新绿就会争先恐后地迸发出来。

田地刚刚犁过，蓬松的、乌黑的泥土肥沃得仿佛会流出油来。大叔穿着木靴的脚一踩进地里，就溅出泥土的清香，他的脸上掠过一丝微笑。他从肩上挎着的袋里抓出一把种子，用力撒出去……

大叔一步一个脚印地前进着，一把一把地播种着。他望着金子般的种子纷纷扎进黑土地的怀抱，脸上漾起了满意的笑，时不时还吹着口哨。

是呀，他能不高兴吗？俗话说“有播种就有收获”，撒下种子，就是撒下希望，撒下光明啊！他仿佛看到种子们破土而出，嫩绿的枝叶在春风中跳舞，在春雨中唱歌；仿佛看到碧绿的庄稼在阳光下欢笑，笑着，笑着，笑成了一片金灿灿的麦浪，笑成了金子般的稻谷；他仿佛看到了丰收的田野上，孩子们在奔跑着，清脆的笑声飞扬在辽阔的天空中……

“叽叽叽……”“扑棱棱……”群鸟从远处飞来，落在了大叔刚撒下种子的田里，打断了大叔美好的憧憬。他望着鸟儿们贪婪争食地里的种子，赶紧把事先准备好的稻草人，“请”到田野上。

一笑越千年

——品析达·芬奇的《蒙娜丽莎》兼精彩作文

画家与画

列奥纳多·达·芬奇（1452—1519 年），意大利文艺复兴时期的一位博学者：除了是画家外，他还是建筑工程师、音乐家、数学家、发明家等。他的天赋比同时期的其他人物都高，这使他成为文艺复兴时期人文主义的代表人物，也使他成为文艺复兴时期典型的艺术家以及历史上最著名的画家之一。

《蒙娜丽莎》是一幅享有盛誉的肖像画杰作，是巴黎卢浮宫博物馆的镇馆之宝，代表着达·芬奇的最高艺术成就。达·芬奇创作《蒙娜丽莎》前后经历了四年的时间。据说蒙娜丽莎是佛罗伦萨一位富商的妻子。在达·芬奇为她作画之际，蒙娜丽莎因爱子夭折，整日伤心欲绝，愁容满面。为了唤起模特发自内心的微笑，画家千方百计引出这位美人一刹那的微笑。达·芬奇用他高超的画技将那一刹那的微笑永恒地定格在画布上。

数百年来，《蒙娜丽莎》一直被誉为最名贵的肖像画，20 世纪 60 年代，估计此画价值已达 1 亿美元。经过法国政府允许，从 1962 年 12 月 14 日至 1963 年 3 月 12 日，该画先后在美国的华盛顿和纽约展出，轰动了全美国，许多人专程从外地赶来，一睹为快。之后该画又被借到日本展览，轰动的程度更胜于美国。

微教案

一、读诗

蒙娜丽莎的微笑

朱　彤

蒙娜丽莎的微笑
似有似无，似梦非梦
她的魔力在于“未知”
她是谁？
是真是假，是男是女？
假设是男人
会是一个朦胧派诗人
艺术家长发
微笑中不乏荒诞诡秘
如果是女人
会是很多孩子的母亲
哺乳的胸膛
微笑中有疲惫的倦意
蒙娜丽莎的微笑
像是镜子照出了我和你
她的微笑像是我们的微笑
大部分是幸福高兴
但有时，有一点孤独
有一点丧气
有一点嘲讽
有一点神秘
甚至还有一点说不出的恐惧
这就是人生
也许是蒙娜丽莎的微笑的永恒魅力

（选自诗词在线）

二、看图

1. 画面可以分为哪几个部分？（背景与人物肖像）

2. 画面最精彩的是什么？（蒙娜丽莎的笑容）

3. 描述蒙娜丽莎的模样。

蒙娜丽莎
- 身材丰满
- 秀发飘逸、手如柔荑
- 一袭黑纱衣裙

三、想象

1. 画家是用什么办法把蒙娜丽莎逗乐的？

2. 猜猜蒙娜丽莎微笑的内容，即这是一种怎样的微笑？是恬然淡雅的微笑？是和蔼温婉的微笑？是多愁善感的微笑？是内在快乐的标志？……

四、背景

观察画的背景，你看到了什么？（蜿蜒的山路，潺潺的溪流，起伏的山坡，错落的田地……）

教师作文

一笑越千年

蒙娜丽莎，你太美了！你是《诗经》中的窈窕淑女，丰腴的身材透着青春的活力，手如柔荑，肤如凝脂，一头金黄的秀发如瀑布般轻轻地垂着，脸颊红润但不羞怯，双眼因爱而多情，微微翘起的嘴角含着多少迷人的笑。“美目盼兮，巧笑倩兮”，我无法躲避你的双眼，仿佛要望穿我的灵魂。

你从哪里来？你身后的背景就是你的家乡吗？你的家就住在崇山峻岭后面那个遥远的山村吗？你是住在小竹楼里，还是住在碧瓦红砖的屋子里？是否村后是茂密的森林，村前是潺潺的小溪，还有漫山遍野的芳草与鲜花？清晨推开门就能呼吸到清新甜润的空气，就能听见清脆婉转的鸟鸣，那层层叠叠的梯田就像是画家的调色盘，四季变换着不同的颜色，那是多么美丽的地方呀！

幸运的蒙娜丽莎，那个天才的画家达·芬奇是怎么遇到你的？听说那是初秋的清晨，“蒹葭苍苍，白露为霜”，你穿着一袭黑色的薄纱站在溪畔，“宛在水中央”！你的神情让画家着迷，他执意要给你画一幅肖像画。感谢你接受画家的邀请，沿着蜿蜒崎岖的山路来到他的画室，走进他的画框。于是，便有了不朽的《蒙娜丽莎》，有了你永远的微笑……

你的嫣然一笑，倾国倾城，穿越百年千秋。有人说你的笑妩媚多情，令许多少男怦然心动；有人说你的笑坦然大方，不管男女老少，都能从你的微笑里感受到爱的阳光和春风，驱走心中的阴影；有人说你的笑略含哀伤，那又是为什么呀，你可知你的忧愁使多少人心疼；有人说你的笑神秘莫测，多少人驻足你的面前，久久凝望……

亲爱的蒙娜丽莎，这些你一定都看到了吧？

家的温馨

——品析莱顿的《缠毛线》兼精彩作文

画家与画

弗雷德里克·莱顿（1830—1896 年），19 世纪英国最有声望的学院派画家，在英国绘画史上享有很高的声誉。

莱顿 10 岁时随父亲来到罗马，师从一位叫梅利的画家，13 岁又赴德国，在法兰克福美术学校学习，14 岁再到艺术之都佛罗伦萨深造，这使莱顿扩大了艺术眼界。在佛罗伦萨，美国雕刻家波沃尔斯遇到莱顿，兴奋地对他说：“你将成为一个像我一样令人满意的杰出人物。”1855 年，莱顿回到英国，他的作品获得维多利亚女王的青睐，1878 年，莱顿当选为英国皇家美术学院院长。1886 年，56 岁的莱顿被英国女王封为英国贵族，号为斯特雷顿莱顿男爵，是英国唯一获此殊荣的画家。

《缠毛线》是莱顿的代表作，他以学院派绘画的严谨，描绘了缠毛线的母女。年轻的母亲坐在凳子上，姿态优美地绕着毛线，衣裙的表现呈现古典风格；小女孩全神专注地配合着母亲，扭动着身体，一脸稚气，这是一幅多么温馨的画面。

微教案

一、复习关于“母爱”的诗

春水·一〇五

冰　心

造物者——
倘若在永久的生命中

只容有一次极乐的应许。
我要至诚地求着：
“我在母亲的怀里，
母亲在小舟里，
小舟在月明的大海里。”

繁星·七一

冰 心

这些事——
是永不漫灭的回忆；
月明的园中，
藤萝的叶下，
母亲的膝上。

二、浏览画面

1. 画面描绘的是什么地方？什么时间？
2. 画面中都有谁？在进行什么活动？

三、感情欣赏

1. 欣赏完这幅名画，你的心情如何？你有什么感受？（快乐、温馨）
2. 为什么会让人感觉温馨，表现在哪些地方？

景美：大海、远山、沙滩、云霞。

人美：衣着、外貌、神情。

情美：爱、温暖。

四、想象活动

1. 母女俩在缠毛线时，可能会说些什么话？
2. 请以画中小女孩的视角，说说画中的景、人、事。

教师作文

家的温馨

题记：我在母亲怀里，母亲在小舟里，小舟在月明的大海里。

——冰心

我的家面朝大海，春暖花开。

我喜欢春晨，或是秋夜，或是夏日的傍晚，站在露天阳台上欣赏大海的风光。单说夏日的黄昏吧，一湾碧水依然湛蓝，风从海面徐徐吹来，吹去了一天的烦闷。远山笼罩在夕晖中，像是一座座金山，其中一定藏着不少宝贝吧！近处是一片沙滩，沐着夕阳的余晖也变成金色的了。少男少女们光着脚丫追逐着洁白的浪花，笑声追着晚风，追着浪花飞。那些弄潮儿，踩着帆板，像蜻蜓、像彩蝶在海上飞……

然而，在我童年的记忆里，最美丽的画面不是在阳台上看海景，而是与妈妈在阳台上一起缠毛线。年轻的妈妈坐在圆凳上，双手绕着毛线。我光着脚丫站在妈妈的对面，牵着毛线的一头，一圈一圈地绕成线团。妈妈优雅地摆动着手臂，我一圈圈地缠着。她手臂上的线圈渐渐变疏，我手上的线团渐渐变大；妈妈身旁箩筐里的线圈渐渐变少，我脚下的线团渐渐变多……

我问妈妈：“冬天还没到，为什么缠毛线呀？”

“七月流火，九月授衣，等到冬天来了，就来不及啦。”妈妈笑着说。

“这黑色的毛线要给谁织毛衣？”

“给你爸爸呀！”

“粉色的呢？”

“奶奶。”

“那红色的呢？”

“天使。”妈妈抬头神秘一笑。

“天使？天使是谁呀？”我歪着头脑，一脸疑惑。

“呵呵。”妈妈莞尔一笑，“天使不就是你吗？我的宝贝，你整天乐呵呵的，整天东跑西跳的，不像快乐的天使吗？”

“哈哈，我是天使！”我兴奋地蹦起来，“那妈妈是什么呢？”

妈妈没有说话，只是笑着。我眨巴着眼睛，打量着妈妈——洁白的连衣裙，赤着脚，金色的卷发高高盘起，用一枚银色的发卡拢在脑后，圆润的脸庞透着母性的慈爱。海风轻抚着妈妈洁白的衣裙，橘红色的霞光落在她白净的脸上，妈妈美得简直就像一尊汉白玉雕刻的女神。我恍然有所悟，兴奋地嚷起来：“我是天使，妈妈就是圣母啦！”

“就你嘴甜。”妈妈笑得像一朵开在大海边、开在绚丽的霞光里的一树凤凰花。她一把把我搂在怀里。

我在妈妈的怀里，妈妈在绚烂的霞光里，霞光融化在爱河里。

拾穗者

作者：（法国）让·弗朗索瓦·米勒
时间：1857 年
类型：油画
藏址：法国巴黎卢浮宫博物馆

晚 祷

作者：（法国）让·弗朗索瓦·米勒

时间：1857—1859 年

类型：油彩画布

藏址：法国巴黎奥塞博物馆

播种者

作者：（法国）让·弗朗索瓦·米勒

时间：1850 年

类型：油彩布画

藏址：美国波士顿美术馆

蒙娜丽莎

作者：（意大利）列奥纳多·达·芬奇

时间：1503—1506 年

类型：油画（画板）

藏址：法国巴黎卢浮宫博物馆

缠毛线

作者：（英国）弗雷德里克·莱顿
时间：1878 年
类型：布油彩
藏址：澳大利亚悉尼新南威尔士美术馆

盲 女

作者：（英国）约翰·埃弗雷特·密莱
时间：1856 年
类型：油画
藏址：英国伯明翰市博物馆与美术陈列馆

三等车厢

作者：（法国）奥诺雷·杜米埃
时间：1862 年
类型：帆布油画
藏址：美国纽约大都会艺术博物馆

微笑着的骑士

作者：（荷兰）弗朗斯·哈尔斯

时间：1624 年

类型：布面油画

藏址：英国伦敦华莱士收藏馆

游艇上的午餐

作者：（法国）皮埃尔·奥古斯特·雷诺阿
时间：1881 年
类型：画布油彩
藏址：美国华盛顿飞利浦收藏馆

站在窗前的少女

作者：（西班牙）萨尔瓦多·达利

时间：1925 年

类型：布油彩

藏址：西班牙当代艺术博物馆

倒牛奶的女佣

作者：（荷兰）约翰内斯·维米尔
时间：1658 年
类型：布面油画
藏址：荷兰国立博物馆

为死去的小鸟而伤心的少女

作者：（法国）让·巴蒂斯特·格勒兹

时间：1765 年

类型：油画

藏址：苏格兰国家美术馆

姐 妹

——品析密莱的《盲女》兼精彩作文

画家与画

约翰·埃弗雷特·密莱（1829—1896 年），19 世纪英国画家与插画家。密莱生于南安普顿，9 岁被送入萨斯领导的绘画学院。密莱是拉斐尔前派协会的奠基人之一，他有较强的写实技巧，绘画题材广泛，色彩具有装饰性。

《盲女》是一幅表现乡村现实生活的油画。画上画的是雨过天晴的自然景色，呈现在我们眼前的是两个相依为命的穷女孩。静静坐着的是一位盲姑娘，另一个更小的女孩紧紧依偎在盲女怀里，一边抬头在观看天上的彩虹，一边在给盲女讲述大自然的美丽。彩虹当空，原野一片金黄，空气是润湿的，在远景的小道上有几头走动着的牛羊，近处有飞鸟起落。盲女只能倾听小妹妹的讲解，她连停歇在披肩上的蝴蝶也无从看到。盲女怀着殷切的心情在谛听小妹妹的描述，心灵已沉浸在丰富的想象之中。她嗅到了新鲜的空气，听到了原野里生灵的声音，仿佛亲眼看到美丽的景色。这幅画被批评家罗斯金评价为“最阳光明媚的绘画”。

微教案

一、看画品诗

盲女——为世界名画配诗

中 子

妈妈　你没有给我一双明亮的眼睛

我不怨您　因为我把世界装在心里

我感觉到了　我的空间很明亮

妈妈　我的盲文课本里也有田野的春光
山羊也许和我一样　贪恋那些紫色的小花
而鸽子会忘却哨音　开始真正的悠闲

妈妈　我坚信彩虹是应该能够接到大地的
上帝也许就住在我身后的茅草房里
这一切　妹妹一定比我更清楚

（选自"顺忠哥哥的博客"）

讨论：诗里写的与画上画的一样吗？

二、浏览画面

1. 该画画的是什么时候？什么地方？（说出画面的近景、远景和中景；说出这是什么地方，都有谁，她们在干什么）

2. 说说你看这幅画时的心情。

3. 眼睛从画面移开，给你留下最深刻的印象是什么？

三、观察妹妹

1. 她的姿势、动作是怎样的？

2. 她的表情如何？

3. 想象一下，她对盲女姐姐说了什么？

四、观察盲女

1. 盲女的表情如何？

2. 这么美的景色，盲女能看见吗？她能感觉到吗？为什么？你是怎么看出来的？

教师作文

姐　妹

滴答、滴答……雨渐渐地小了，终于停止了歌唱。

一阵风夹着泥土的芳香从门外吹来，好凉爽呀。"雨后的景色一定很美吧?”姐姐对妹妹说。尽管她双目失明，但依然向门外“望”去。“我们去看看吧。”妹妹说着，便牵着姐姐的手来到了郊外。

郊外有山有水，有树有花。姐妹俩坐在一块石头上，盲姐姐的膝盖上搁着一把手风琴，妹妹依偎在姐姐的身边，好温馨呀。妹妹娓娓动听地描绘起雨后的景色：“姐姐你看，雨把天空洗得格外湛蓝，云儿被洗得格外洁白，像一缕缕轻纱似的。最神奇的是天边还挂着两条彩虹，像搭着两座七彩桥呢!”姐姐微闭着双眼静静地听着，仿佛看到了彩虹，仿佛走上了七彩桥，双手捧着白云，还遇见神仙从桥的那一头乐呵呵地向她走来。

“姐姐，你看——”妹妹兴奋地嚷起来，“远处的山更绿了，每一棵树都清晰可见。咱们身边的这棵树上挂满了晶莹的雨珠，在阳光的照耀下闪着金光。听，风吹来了，树上的雨珠‘噼里啪啦’纷纷往下掉，像珍珠一样落在草地上。草儿们礼貌地鞠一下躬又站起身来。‘雨前初见花间蕊，雨后全无叶底花’，玫瑰花都被雨儿打落了，红的、紫的、蓝的、白的花瓣儿撒落一地。一只小蜗牛坐在花瓣上，好像坐在花的摇篮里，好惬意呀!”

盲女听见了鸟的鸣叫，眨巴着眼睛，情不自禁地说：“妹妹，是不是有很多鸟儿在歌唱?”

“是呀，成群的鸟儿从这棵树飞到了那棵树上，从这棵树唱到那棵树上，好像有唱不完的歌。还不时落到地上来，蹦着跳着，逗得草在摇，花在笑。小溪的水也涨高了许多，哗哗地流着，几片花瓣顺水漂来，瞧，那片花瓣上还坐着一只小蛐蛐呢，它好像坐着一只花瓣船去远行……”

盲女听得入了迷，她微微仰起头，真的看到了妹妹描绘的雨后景色，虽然眼睛依旧闭着，但心是明亮的。她的嘴角挂着幸福的笑，整个身心沉浸在想象之中，她嗅到了周围的新鲜空气，听到了鸟儿的歌唱和原野的生命之声。她陶醉了，情不自禁地拿起小手风琴，按起了琴键，悠扬的琴声飘向远方……

旅 途

——品析杜米埃的《三等车厢》兼精彩作文

画家与画

奥诺雷·杜米埃（1808—1879 年）是法国著名画家、讽刺漫画家、雕塑家和版画家。其作品大多描绘各种底层人物的生活。杜米埃出生于法国马赛一个装饰画家家庭，小时候随一位书商学习石版画技巧，并从事印刷工作和为广告作画。在他 13 岁时，父亲精神失常，他只好自己打工谋生，曾为法庭当信差，到书店当店员……多难的少年生活使他更了解下层人民的生活。他先后师从画家涅努瓦、布登，在业余时间还学习版画，40 岁才开始画油画。

《三等车厢》是杜米埃具有代表性的油画作品。拥挤的狭小空间里，最突出的是位满脸皱纹的老妇人，从她的神态可见她的生活经历；在她的两侧分别是一位熟睡的少年和一位抱着婴儿、表情疲惫的母亲。他们的形象本身就表现出他们的社会地位，背后是各种各样的人群。《三等车厢》表现的内容，是法国底层社会的一个缩影。

微教案

一、整体浏览

1. 火车的三等车厢乘坐的大都是平民，从画面可以发现他们的平民身份吗？（他们的衣着、从事的职业、携带的行李）

2. 画面表现的是哪个季节？什么时间？（冬季，阳光刚从车窗照进来）

二、近景观察

1. 想象老妇人、年轻母亲、少年之间的关系。（是一家人还是素不相识?）

2. 观察老妇人。

老妇人
- 衣着：黄色斗篷
- 神情：安详
- 动作：抱着篮子
- 内心：……

三、背景观察

1. 一节车厢就是一个小社会的反映，背景里的人物有什么不同的表现?（独自靠窗的、高谈阔论的、静静聆听的、争论的……）

2. 你能猜测这些只能看到侧影或背影的人物的性格吗?

四、身临其境

1. 假如你就在这节车厢里，坐在他们的对面，你会做哪些猜想?

2. 在这样的车厢里，你的感受是什么？你的心情如何?

教师作文

旅　途

“哐当当，哐当当……”火车长啸一声，唱着古老的歌谣，奔驰在崇山峻岭间。

我一觉醒来，伸个懒腰，啊，天已经亮了。清早的阳光透过小小的车窗，一缕缕地照进来，给冬日出行的人们带来一丝暖意。

我坐了整整一夜的火车，腰酸背疼，腿都浮肿起来。这漫长的旅程呀，什么时候才能结束?

三等车厢拥挤、憋闷，有钱人都坐一等、二等车厢，只有平民百姓贪图省几个钱，才坐三等车厢。幸好阳光公平地照进来，人们并不因为坐三等车厢而自惭形秽。我虽然只能看到后排的人的背影或者侧影，但相聚在一个车厢就是一种缘分，老人们在天南地北地聊天，不时传来阵阵笑声；

年轻人在热火朝天地打扑克，吵着，嚷着，完全不管老人们谈些什么；也有的人倚着车窗边，静静地坐着，欣赏着沿途美丽的风光。

尽管车厢里一片嘈杂，也许是太疲惫了，昨晚我睡得挺香的。原来坐我对面的恩爱情侣不知什么时候下了车，一家祖孙三代也不知什么时候上的车。坐在中间的老妇人，也许是奶奶吧。她披着带帽子的黄色斗篷，清晨的阳光洒在她清瘦的脸上，照出了一脸的慈祥，也照出了一脸的疲倦。老妇人双手紧紧地抱着一个篮子。篮子里放的是什么宝贝？是刚出壳的小鸡？是一窝小兔子？还是什么土特产？好奇的我几次想站起来看个究竟，又担心有失礼貌。老妇人眼睛呆呆地看着前方，好像有什么心事似的，也许是对现实生活感到担心吧。

老妇人的右边是一位年轻的妈妈，不知是老妇人的女儿，还是她的儿媳妇。年轻妈妈怀抱着一个才几个月大的婴儿，正在哺乳。周围的环境对这位美丽的母亲没有丝毫的影响，她目不转睛地看着婴儿，脸上洋溢着幸福的微笑。一个小男孩儿靠在老妇人的左边，他双手插在裤兜里，沉沉地睡着了，看来是太累了。他呼吸均匀而平静，一定在做美梦。男孩身边的座位上还搁着一个箱子，用草绳绑得结结实实的，里面装着什么东西也不得而知。这一家子带着大包小包的行李，看来也是长途旅行的。

“卖早餐啦——”随着一声吆喝，一个列车员推着餐车来到了车厢。旅客们循声转头，有的询问早餐的价钱，有的开始掏钱……老妇人扭头看了一眼宝贝孙子，男孩依然沉沉地睡着，年轻的妈妈也依然注视着自己的孩子……

“哐当当，哐当当……”火车依然唱着古老的歌谣，向前飞驰而去……

画家与骑士

——品析哈尔斯的《微笑着的骑士》兼精彩作文

画家与画

弗朗斯·哈尔斯（1580—1666年）是荷兰现实主义画派的奠基人，也是17世纪荷兰杰出的肖像画家。他青年时曾参加过反对西班牙帝国统治的荷兰独立战争，是战争造就了他倔强孤傲且好酒恃才的性格。哈尔斯终生都生活在社会下层，80多岁时他和妻子还寄居在养老院中，曾因为生活贫穷而接受美术家协会的补助。令人敬佩的是画家的毅力十分惊人，一生在艺术的道路上勤勉不辍，创作了200多幅作品。主要作品有《吉卜赛女郎》《微笑着的骑士》《哈莱姆养老院的女管理员》《新婚夫妻》等。

哈尔斯是荷兰美术史上现实主义肖像画和风俗画的奠基者，其创作标志着欧洲现实主义肖像画发展的高峰。他以恣意挥洒的笔墨，生动而辛辣地揭示了人的内心世界。他的作品被认为是17世纪荷兰社会各阶层人物的历史画卷。他的团体肖像画带有风俗画性质，人物形象鲜明，个性突出，善于表现人物的瞬间表情和心理状态。在《微笑着的骑士》这幅画中，哈尔斯运用他华丽的技巧，把模特微妙的神情做了忠实的记录。

微教案

一、讲述故事

17世纪初，在阿姆斯特丹东面的港口小城哈雷姆的一个小酒馆里，人们总能看到一个酒鬼画家。他形象落魄，举止粗俗，经常赊账。然而，客人们和老板都对他出奇地友好、和气，并称呼他“画家先生”。

有一天，酒鬼在酒馆里殴打前来寻找他的妻子，恰巧被一位外地来的骑士看见了。骑士愤愤不平，上前阻止酒鬼，两人发生了冲突。当骑士知道打老婆的是一个画家时不由忍俊不禁。

酒鬼看出了骑士目光中的鄙夷，马上打开自己的手包，取出绘画工具，在画板上飞快地画了起来。一会儿，在众人面前便重现了骑士那充满鄙视与不屑的笑容。骑士大吃一惊，这幅素描活脱脱是他瞬间神情的写照，他为刚才冒犯了这位画家而道歉。酒鬼也一扫不快，与骑士讲和，两人推杯换盏。回家清醒后，画家重新调色，终于成就了这幅名画——《微笑着的骑士》。

二、观察骑士

1. 联系故事，观察画面，你喜欢这位骑士吗？

2. 这是一个怎样的骑士？请仔细观察。

高傲的骑士
- 身材：魁梧
- 面貌：肥头大耳，络腮胡子，八字胡高翘
- 表情：紧抿着嘴唇，扬眉，斜眼冷笑
- 目光：鄙夷，不屑
- 穿着：黑帽，白领，褐色的花衣，黑色腰带

三、想象画家

1. 你喜欢这位画家吗？

2. 想象一下画家在故事中的表现。

（1）对待前来寻找他的妻子的表现。

（2）对骑士打抱不平时的态度。

（3）捕捉到骑士那个特定表情时的欣喜。

四、身临其境

假如你身在故事的情境中，看见了在现场的人的表现，你觉得他们都说了些什么话？

教师作文

画家与骑士

夜色降临，沉寂一天的酒吧又热闹起来。

慵懒的音乐在忽明忽暗的灯影中流泻。乐手们吹着、弹着、拉着、敲着各自的乐器，摇头晃脑地自我沉醉。

“来，来，来，今宵离别后，何日君再来？”歌女们穿着时尚，扭着腰肢，尽情欢唱，不时举杯，向顾客劝酒，目光顾盼多情。

酒客三个一伙，五人一群围坐在一起，当然也不乏有人自酌独饮。酒过三巡，好多人已酩酊大醉。酒鬼画家哈尔斯更是醉得引人注目，他身材不高，衣衫褴褛，蓬头垢面，一身酒气，难掩内心的寂寞。“来，来，你也喝了这，这，杯酒！”他端着一杯酒朝歌女走去。可是，不等歌女接过酒杯，画家竟自己举酒仰颈，一饮而尽！

全场哄堂大笑。画家又得意地斟了满满的一杯酒，向歌女举起……

突然，一个面容憔悴的中年妇女夺门而入，直奔画家而来。女人夺下他的酒杯，愤愤地说：“酒鬼！你喝，喝，不要命啦?!”女人的目光中流露着多少爱怜，多少焦虑，多少悲愤哪！无疑，女人是画家的妻子，老顾客都认识她。她经常来这儿寻找她嗜酒如命的丈夫。

画家眼睛直勾勾地盯着妻子，怒不可遏，居然挥起拳头朝女人头上砸去！

“住手！太不像话了，有这样对待自己的妻子的吗？”一声断喝，一位身材魁梧的骑士挺身而出，拦住了画家的手。

“你敢，敢拦我？”半路杀出个程咬金，画家不由愣了一下，愤怒地打量起骑士来。

这个多管闲事的骑士一身“侠客”打扮，黑帽，白领，一袭褐色的花衣，扎着宽大的黑色腰带，双手戴着银灰色的手套，好似铁塔般立在画家面前。再看看骑士的脸，肥头大耳，络腮胡子，脸上泛着红光，两撇金黄的八字胡高高翘着，一副玩世不恭的神色。有趣的是，他紧抿着嘴唇，好像嘴里含着一团笑声，只要轻轻一点就能够像焰火一样喷发出来。他扬着眉，斜着眼看着画家，心底一定在嘲笑眼前这个打老婆的可怜虫。

骑士怪异的表情给了画家创作的灵感。画家转怒为喜，连忙转身取出画具铺开画纸……一会儿工夫，一幅惟妙惟肖的肖像画赫然呈现在人们的眼前。

“哈、哈、哈……”骑士望着画家给自己画的肖像画，大笑起来。他情不自禁地斟了满满的一杯酒敬画家……

游艇上的笑声

——品析雷诺阿的《游艇上的午餐》兼精彩作文

画家与画

皮埃尔·奥古斯特·雷诺阿（1841—1919年），法国印象派画家。他出生于利摩日小镇，父母依靠缝纫技术，艰辛地养活家中的一大群孩子。雷诺阿少年时被父亲送到了一家瓷器作坊学习瓷器彩绘技术，他便于此时发现了自己的绘画天赋及自己对绘画的热爱。之后他在巴黎学画，结识了对艺术报有共同热情的莫奈、西斯莱等人。他们几位时常结伴外出写生，对艺术的理解使这几个年轻人在不久之后，创立了画坛的一个新派——印象派。

《游艇上的午餐》是一幅描绘人物群像的杰出作品，被认为是世界上最负盛名的艺术作品之一。据说画中的许多人物都是雷诺阿的朋友，甚至他后来的妻子也在其中（画面中逗弄小狗的女孩）。《游艇上的午餐》画面甜美明丽，以一种空前的新鲜、生动和自然的面貌一扫学院派的沉闷和严谨。雷诺阿虽一生贫困，但他的画大都明朗、美丽，有着淡淡的暖意。特别是他的“感光”与“点彩”的处理往往使画面生出一种异乎寻常的明丽和朦胧，给人一种梦幻般的美好享受。

微教案

一、名画故事

离法国巴黎不远处，有一个被塞纳河水环绕的小岛，岛名沙图。1880年夏，应印象派画家雷诺阿之邀，一群好朋友在这里欢聚一堂。这次沙图岛之行朋友们尽情欢乐，雷诺阿尽兴挥笔，创作了这幅《游艇上的午餐》，为世界美术史留下了一幅最负盛名的艺术作品。雷诺阿也因这幅画声名鹊起，沙图岛也因这幅画而名扬世界。后来人们一直称沙图岛为“印象派画家之岛”。

二、整体浏览

1. 画的是什么地方？什么季节？

2. 画面可以分为哪几个部分？

背景：河流，树木，阳光。

主景：游艇，人物。

三、定点观察

1. 画中有几个人物，可以分为几组？

2. 哪组人物活动留给你的印象最深？如戴花草帽的姑娘。

戴花草帽的姑娘
- 衣着华贵
- 逗弄小狗，眯着双眼，噘着嘴唇
- 美丽，陶醉

四、身临其境

1. 假如你也在现场，你的感受是什么？

2. 画中人会聊些什么？

教师作文

游艇上的笑声

风景如画的法国塞纳河畔，在一艘豪华的游艇上，一群着盛装的年轻人正在举行午宴。

图上画的是午宴已经结束的场景。餐桌上有一盆紫红色的葡萄，水灵灵的，还带着晶莹的小水珠。三瓶香槟未喝完，几个透明的酒杯静静地立在桌上，仿佛还散发着扑鼻的酒香。

画家奥古斯特·雷诺阿笔下的人物栩栩如生，有站的，有坐的，有交谈的，有倾听的，姿态不一，呼之欲出。那个头戴白帽的女青年，坐在座位上与一位从邻桌走来的男青年交谈。旁边一位男青年别出心裁地把靠背椅转了一百八十度，椅背朝前地坐着。他若无其事地望着河面，听着旁边两人的交谈，嘴角露出一丝微笑。坐在他们对面的是一位戴着一顶精美草帽的姑娘，她正眯着双眼，天真地噘着小嘴，似乎在对小狗说悄悄话。

草帽姑娘身后的那位彪形大汉背朝河面倚在船栏上。大汉戴一顶草帽，只穿着一件背心，那样子有点儿像西部牛仔。他留着络腮胡子，从撑着船栏的胳膊可以看出他十分健壮。他似乎对人们的聊天并不怎么感兴趣，微微抬起头好像在思考什么，又似乎在欣赏风景。大汉的对面是一对正在侃侃而谈的青年男女。女青年用右臂撑着船栏，手掌托着面颊，正在海阔天空地谈着什么，跟她对话的男青年正在用心聆听。也许是桌上的香槟太醇香，坐在两张桌子中间的一位姑娘还没喝够，还在默默地品酒，真是海量啊！她身后站着的两个男青年不知是久别重逢的故知，还是一见如故的新朋，正旁若无人谈兴正浓。

柔和的阳光透过船篷照在船上，显得特别温馨。透过鹅黄嫩绿的柳条和一丛丛绿油油的水草，可以看见不远处有几艘帆船在轻轻飘荡。拂动的柳条，轻轻扬起的船篷，春风伴着湿润的空气吹进游艇，让人感到舒服、惬意！

我家住在大海边

——品析达利的《站在窗前的少女》兼精彩作文

画家与画

萨尔瓦多·达利（1904—1989年），西班牙超现实主义画家和版画家，享有“当代艺术魔法大师”的盛誉。达利与毕加索、马蒂斯一起被认为是20世纪最有代表性的三位画家。

《站在窗前的少女》是达利早期最著名的画作。画中描绘了一位站在窗前的女孩，她穿着浅蓝色的裙子，面朝窗外大海。这是一幅极为写实的作品。

画中的女孩是达利的妹妹安娜。达利发现妹妹的背影非常迷人，就喜欢上了画她的背影，一次又一次地让妹妹站到窗前，面向着窗外的大海。那段时间里，安娜竟然养成了站在窗前看风景的习惯，以至于后来作品已经完成，安娜还会不自觉地走到窗前站上很长时间。而当她回过头，才发现原来哥哥已经不在身后，放在那里的只有一幅还没有来得及装框的作品。

微教案

一、整体浏览

1. 从画面上，你看到了什么？（少女、大海、陆地）

2. 少女在看什么？（窗外的大海？对面的陆地？）

二、观察少女

1. 画上画的是什么时间？（清晨）

2. 想象一下晨光中的少女。

晨光中的少女
- 晨风拂动秀发
- 阳光照在脸上
- 心情——

三、讨论

1. 少女最喜欢在什么时候站在窗前看风景?(哪个季节?什么时间?)

2. 举例指导。

春日清早
- 阳光下的大海
- 出海的渔船
- 听见的声音
- 远处的小岛

四、身临其境

假如你的家就在海边,每天推开窗户就能欣赏到大海的景色,你会是怎样的心情?会怎样介绍你的家?

教师作文

我家住在大海边

面朝大海,春暖花开,说的就是安娜的家。

安娜喜欢站在窗前看风景,那是春日的清晨。她穿着和大海颜色一样的衣服,轻轻地趴在窗前。风从海上吹来,蓝色的窗帘轻轻摆动,拂过安娜长长的秀发,拂过她美丽的脸庞,带着海的湿润,好像母亲的手在抚摸着她。天蓝蓝的,铺展着鱼鳞似的碎云。海也蓝蓝的,漾着鱼鳞似的波纹,映着晨光,好像有无数的鱼儿摇着银色的尾巴,快活地游着。太阳从很远很远的海面探出了一个红红的脑袋,天上洁白的碎云变成了金黄色,海面上鱼鳞似的波浪映着初升的阳光也变成了金黄色,好像有无数条金鱼在快活地游着。这不,在清风的吹拂下,"金鱼们"一群赶着一群不断地向安娜涌来。安娜情不自禁地喊起来:"大海里有好多好多的金鱼啊!"

安娜喜欢站在窗前看风景,那是春日的清晨。她穿着和大海颜色一样的衣服，轻轻地趴在窗前。海面弥漫着薄薄的雾，出海的渔船像在仙境里前行，远处的小岛若隐若现，像缥缈的空中楼阁。啊，美丽的小岛，昨天哥哥还划着小船带安娜到那儿去玩呢。那里到处都是鲜花，一丛丛的灌木都抽出了新枝，长出了新叶，绿油油的，一簇簇的，像穿上了一件新衣裳。“扑棱棱……”时不时，一只、两只的鸟儿从灌木丛中惊飞起来。它们或者停在高大的乔木上，冲着你发出好听的鸣叫，或者从海面掠过，叼起一只鱼儿疾飞而去，在海上溅起一朵朵洁白的浪花……安娜陶醉在昨天游岛的快乐中。不知什么时候，太阳升起来了，阳光照着海面上的雾，照着朦朦胧胧的海岛。安娜看到了奇丽的景观，兴奋地喊起来：“啊，海市蜃楼!”

安娜喜欢站在窗前看风景，那是夏日的傍晚。她穿着和大海颜色一样的衣服，轻轻地趴在窗前。夕阳挂在天边，海水泛着金色的波光。出海的渔船回来了，远远望去，一叶叶白帆染着红霞，像一群金黄色的蝴蝶慢悠悠地飞来。安娜侧耳倾听，隐隐约约听到渔歌也乘着蝴蝶的翅膀飞来，听那歌声嘹亮，渔夫们一定是满载而归的。果不其然，一只只渔船从安娜的眼前驶过，一只、两只、三只……鸬鹚们安静地站在船头，渔夫们或叼着烟斗，或放声歌唱，脸上都洋溢着喜悦。碰到熟悉的渔夫，安娜总会热情地与他打招呼。渔夫报以爽朗的笑，像红霞一样灿烂，有的还会大方地扔上一条、两条活蹦乱跳的鱼……

安娜喜欢站在窗前看风景，那是秋日的晚上。她穿着和大海颜色一样的衣服，轻轻地趴在窗前。啊，一轮明月升起来了……

我家的阿姨

——品析维米尔的《倒牛奶的女佣》兼精彩作文

画家与画

约翰内斯·维米尔（1632—1675 年），荷兰优秀的风俗画家。维米尔的油画取材于市民平凡的日常生活，却赋予它以抒情诗般的意境。他的画中往往只有一两位妇女，在洁净的室内从事家务劳动或消遣性活动。柔和的光线自窗口射进，使整个房间显得温暖、清新而宁静。

《倒牛奶的女佣》是维米尔的作品中最广为人知和深受喜爱的一幅。画中的女佣身材健壮，她塞起围裙的一角，正忙着准备早餐。左边有一扇窗户，窗户旁边的墙上挂着一只藤篮和一盏灯，桌上杂乱地摆放着一些食物。这是一个寻常的清晨，然而画家却刻意抓住了这一个清晨的不经意，抓住了女佣那随遇而安的精神面貌，她的神情是那么专注。

微教案

一、浏览画面

1. 画中画的是什么地方？什么时间？（简陋的厨房，太阳刚刚升起）

2. 眼睛从画面移开，给你留下最深刻的印象是什么？（女佣的形象）

二、评价女佣

这是怎样的女佣？说说你的依据。

这是个朴素的女佣，她的衣着____________________

这是个勤劳的女佣，她的动作________，劳动时的神情____________

这是个善良的女佣，她的________________________

三、观察女佣

女佣
- 年龄：中年
- 身材：中等、微胖、健康
- 穿着：葛布头巾，黄色麻布上衣，棉布蓝裙
- 表情：脸上泛着红晕，神情专注
- 动作：倒牛奶，熟练

四、身临其境

1. 假如置身其间，你有什么感觉？

静谧，连牛奶倒出的汩汩声都听得见。

温暖，炉火没有熄灭，阳光照进厨房。

香气扑鼻，牛奶的香，面包的香……

2. 你会向女佣投去怎样的目光呢？

教师作文

我家的阿姨

我们兄弟姐妹都在外地打工，父母成了空巢老人。看着父母日渐老去，我们几个商量着请了个阿姨来照顾老人。阿姨是一位乡下女人，勤劳、善良。父亲每次来信都夸阿姨能干、吃苦耐劳、干活麻利、心灵手巧……从父亲的字里行间，我读到了父母对阿姨的认可，我们也就放心了。

今年春节，我回老家探亲，终于见到了这位"心仪已久"的阿姨。阿姨是个中年妇女，中等个儿，稍胖，身材健壮。头上包着灰白色的葛布头巾，上身穿一件黄色的麻布粗衣，下身穿一件深蓝色的棉布裙子，裙摆的一角撩起，别在腰间。看样子衣服是阿姨自己缝的，你看那衣领、袖子、对襟的接缝处清晰可见，针脚绵密。

清晨，一缕阳光透过窗户照进厨房，简陋的厨房里尽是金色的晨阳，亮堂堂，暖洋洋的。窗边的墙上挂着一只藤篮和一盏老式的马灯，既可做装饰，又方便使用。马灯的灯火还没有熄，显然，天还没亮阿姨就起床为

我们准备早餐了。灶台炉子里的炭火红红的，使整个厨房暖意融融。

多么勤劳的阿姨！面包早已烤好，正散发着诱人的香气。一个淡黄色的大面包装在了藤条扎的浅框里，搁在铺着暗绿桌巾的台桌上。桌子的一角居然还有几块造型别致的面包，看上去是那么诱人。阿姨挽起袖子，端起一罐牛奶，双手抱着慢慢倾斜往另一个陶罐里倒。她神情专注，一脸安详，可以看出她很享受这份工作。金色的阳光、暖暖的炉火、扑鼻而来的牛奶香，这曼妙的清晨真让人陶醉。

阿姨不是窈窕淑女，也没有高雅的气质，但其安详沉静的表情让我们明白，这只是一个寻常的清晨，是千千万万个清晨中无须特别注意的一个。然而，她习惯了待在厨房里，很享受此时此刻的这份宁静。水壶空了，她去装满；牛奶喝光了，她去市场买……她日复一日，做着相似的事情，为大同小异的食谱操心。她无怨无悔，任劳任怨，只为了我们家的老人的一日三餐，只为他们有一个平安、幸福的晚年，只为他们的儿女在外少一分牵挂……

多么美丽的阿姨啊！我不由地向阿姨投去敬重的目光……

美丽的小鸟死了

——品析格勒兹的《为死去的小鸟而伤心的少女》兼精彩作文

画家与画

让·巴蒂斯特·格勒兹（1725—1805年），法国画家。格勒兹出生于一个社会底层的泥瓦工人家庭，自幼酷爱画画，但不被父亲重视，后来在外祖父的支持下才进入里昂美术学校学习，不久后转到巴黎美术学院学画。

格勒兹擅长作风俗画和肖像画，代表作有《给孩子读圣经的父亲》《乡村新嫁娘》《父亲的诅咒》《被惩罚的儿子》等。《为死去的小鸟而伤心的少女》是一幅能引起人们丰富想象的作品。画中的女主角是格勒兹所钟爱的女孩——书商的女儿卡弗涅娥尔。画里，死去的小鸟躺在鸟笼上，美丽的少女伤心欲绝。画家笔下的少女娇柔甜润，面部和手臂被丰富的色彩、细腻的笔触描绘得细嫩滋润，充满着一种脉脉的温情。这是一位天真无邪的小姑娘，小鸟的死使她伤心，她侧着头，用手捂住左眼，右眼低垂，看着小鸟。画家试图以此表现人类美好的心灵，无邪的童心。

微教案

一、浏览画面

1. 画中画了哪些内容？（女孩、鸟笼、死去的小鸟）

2. 说一说，你看着眼前的画是一种怎样的心情？（伤心，小鸟死了，小鸟是人类的朋友）

二、观察女孩

1. 你喜欢画上的女孩吗？为什么？（美丽的女孩，善良的女孩，爱护小动物的女孩）

2. 仔细观察女孩。

美丽的女孩
- 金发：打着卷儿，蓝色的发卡
- 脸：忧郁
- 衣着：罩着洁白的轻纱
- 动作：坐于鸟笼前，一手捂着左眼

三、画前想象

1. 小鸟是怎么来到女孩家的？（路上捡来的，街上买来的，还是……）

2. 之前女孩是怎样呵护小鸟的？

四、故事假想

1. 假如小鸟还活着，女孩会把小鸟放飞吗？

2. 如果放飞小鸟，女孩会看到一只怎样的小鸟？（快活的）

教师作文

小鸟死了

美丽的女孩仿佛一朵正待绽放的花蕾，娇柔甜润，人见人爱。她一头金发微微卷着细细的波浪，箍着一个蓝色的发卡，显得那般纯真可爱。她的脸上泛着红晕，一双水汪汪的蓝眼睛好像会说话似的。女孩子皮肤白皙，披着一身洁白的纱衣，简直就是一个美丽的天使。

可女孩脸上为什么充满忧郁？为什么她清纯的眼睛噙着泪花？她面前的鸟笼上摆着一只小鸟。小鸟仰面躺着，金色的小爪，纯白的羽翼朝上，一对黑色的眼睛黯淡无光。天哪，小鸟死了，冰凉，僵硬！

小鸟是女孩前几天在花园里散步时捡来的，不知什么原因，小鸟的翅膀受伤了。女孩小心翼翼地把它捧回家，为它上药，包扎，无微不至地呵护着它。小鸟终于睁开了眼睛，翅膀微微地扇动起来，又可以飞翔啦。女孩高兴得快要跳起来了。

可是，小鸟为什么会死了呢？女孩好伤心啊！她还想等小鸟伤好了将小鸟放飞呢。她不需要小鸟腾空飞起时回转灵巧的身子，报以感激的目光，她只想欣赏小鸟在蓝天下自由飞翔时那快乐的身影，只想聆听小鸟从碧绿的旷野掠过时发出的悦耳的鸣叫，只想看到小鸟与同伴们在花间、树梢嬉戏、打闹时那淘气的样儿，那无忧无虑、自由自在的样儿……

可是，美丽的小鸟死了，女孩非常伤心。她原本希望小鸟能做她的朋友，伤好了就把巢搭在窗前那株高高的凤凰树上。清晨，小鸟清脆的鸣叫把女孩从梦中叫醒，啊，新的一天又开始啦！她希望有一天放学回家，偶然间发现鸟巢里多了一只英俊的鸟儿，女孩愿意趴在窗前，数着鸟巢里有了一枚鸟蛋，两枚鸟蛋……数着鸟巢里飞出了一只雏鸟儿，两只雏鸟儿……女孩希望能捧一本书在凤凰树下如痴如醉地读着，美丽的鸟儿们在树上巧舌如歌，在花丛中跳跃，落红片片，花羽缤纷。

可是小鸟死了！人类少了一个美丽的朋友，女孩的窗前少了一道风景，少了一首歌，少了一首诗……

女孩哭了，哭得非常伤心。

第二篇

回望，画中历史

历史是理性的，画家用艺术的眼光看历史，使历史画既有审美性，又有强烈的情感性。

流浪街头的落难将军

——品析大卫的《乞讨的贝里塞赫》兼精彩作文

画家与画

雅克·路易·大卫（1748—1825 年），法国著名画家，古典主义画派的奠基人。大卫出生于巴黎一个五金商人家庭，由于父亲过世得早，他由身为皇家砖瓦匠的叔父抚养长大。亲友们发现大卫酷爱绘画，便把他送到著名画家布歇那里学画。布歇发现大卫的气质与自己的洛可可风格不一致，就将他转到皇家美术院维恩教授门下学习。大卫个性沉默，喜欢思考，他认真学习了普桑、布歇、格勒兹和卡拉瓦乔等画家的画法。1775 年，大卫前往意大利研究艺术，受古罗马和意大利文艺复兴时期的艺术的影响，对古典主义产生了兴趣。1780 年，大卫回国，四年后成为法国皇家艺术院院士，创作了《荷拉斯兄弟的誓言》一画，一举成名。

《乞讨的贝里塞赫》是大卫 1781 年创作的第一幅有鲜明政治倾向的寓意画。作品描绘的是东罗马帝国一位元帅——贝里塞赫的悲惨结局。贝里塞赫是拜占庭帝国的一位军事统帅，曾屡建战功，曾带领军队打败过波斯人、汪达尔人和意大利的东哥特王国。然而战功和威望使他受到君士坦丁大帝的嫉恨，他被挖掉了双目，沦为沿街乞讨的老人。

微教案

一、看画心情

1. 一代名将为国家出生入死，功勋卓著，却遭到这样不公平的对待，说说你看这幅画时的心情。

2. 画上画了几个人？他们各自的表情怎样？

二、观察名将

1. 这是一个怎样的老人？

饱经风霜的老人
- 身材：魁梧，硬朗
- 衣着：陈旧的铠甲，红色披风，赤足
- 面貌：白发，双目失明
- 姿势：背靠巍峨石柱坐着，伸手乞讨，抱着女童

2. 老人可能说了些什么话？

三、观察路人

1. 你发现贵妇人的表情了吗？她可能想些什么？

2. 你看到军人的表情了吗？他与“名将”之间有可能是什么关系？他会想起什么？

四、观察背景

1. 事情发生在一天里的什么时间？

2. 过往的行人还有可能会怎样议论这位乞讨老人？

教师作文

流浪街头的落难将军

晨雾渐渐散去，天边泛起几抹玫瑰黄，远处的山峦、教堂沐浴在柔和的晨光里。

伴着悠悠的早祷声，清晨的阳光轻轻地洒在大街上，洒向一幢幢高大的建筑，给建筑镀上了一层淡淡的金黄，给步履匆匆的行人送来一声声问候。

丽莎刚从教堂出来，她身材高挑，披着一件米黄色风衣，很有气质。她满面春风，牧师的早课带给她一份好心情。她低头走路，好像还陶醉在美妙的祷告里。

“施舍一点儿吧，好人们，神会保佑你的！”苍老的乞讨声使丽莎停住了脚步。她抬头望去，一个老年乞丐搂着一个幼小的女孩可怜巴巴地伸手

向她乞讨。老人身材高大，但背靠巍峨的石柱，使他显得那样渺小。老人双目失明，一根细细的盲杖斜靠在石柱旁。他须发皆白，稀疏、零乱，身穿银灰色的铠甲，披着披风。看他这身打扮，以前一定是个身份非凡的人物！

“阿姨，施舍点儿吧，我们已经饿了一天了。”老人怀里的女孩捧着头盔，眼泪汪汪地望着丽莎。多么有灵气的女孩呀，一袭白裙，那双眼睛明亮得像山泉，像秋夜的明月。

“叮——当啷、啷……”丽莎无法抗拒女孩的眼睛，无法拒绝稚嫩的童音，几枚硬币轻轻地落在暗灰色的头盔里。女孩眼里充满了感激。

“天哪！这不是贝里塞赫元帅吗?”不知什么时候，一位一身戎装的年轻将军翻身下马，站在丽莎的身后，举着双手，双眼直勾勾地盯着老人。老人嗫嚅着双唇，两腮抖动了一下，似乎想说什么，但终究欲言又止，一脸茫然。

年轻的将军无法相信这是真的。他曾经跟着元帅驰骋沙场，亲眼看见元帅跃马扬鞭，那是何等威风！他曾经跟着元帅的“铁甲军”横扫亚、欧、非，使拜占庭帝国迎来最辉煌的时刻！他曾经目睹元帅胜利归来，接受无上的荣耀！年轻的将军颤抖着双手，不住地问：“这是为什么？您是昔日战无不胜的三军统帅呀，您为什么会流落街头？您那能洞穿战场的明眸为什么失去了光彩？您的赫赫战功被谁抹去了……”

“施舍一点儿吧，好人，神会保佑你的！”女孩把暗灰色的头盔捧到了年轻将军面前。

带着浪漫的毁灭

——品析德拉克罗瓦的《萨丹纳帕路斯之死》兼精彩作文

画家与画

欧仁·德拉克罗瓦（1798—1863 年），法国著名画家，浪漫主义画派的典型代表。他继承和发展了文艺复兴以来欧洲各艺术流派的传统，并影响了以后的艺术家，特别是印象主义画家。

德拉克罗瓦博览群书，特别喜欢但丁、莎士比亚、拜伦和司各特的作品。他为《浮士德》作的插图深受歌德的赞颂；他盛赞米开朗基罗、提香、伦勃朗，特别崇拜鲁本斯和康斯特布尔。德拉克罗瓦是一个感情极为丰富的人，只要拿起画笔，他的浪漫主义激情就会像火山一样迸发。他画画就像狮子吞食猎物一样，一气呵成，所以人们把他叫作“浪漫主义的狮子”。

《萨丹纳帕路斯之死》描绘了亚述帝国最后一个君王萨丹纳帕路斯在王朝覆灭之前，因为太爱他所拥有的一切，便抢先“自我毁灭”——令侍从们屠杀妻妾、焚烧王宫。毁灭在德拉克罗瓦的眼中也带上了某种浪漫主义的色彩。当这幅画在沙龙展出时，观众大受震惊，责怪画家把暴力画得太过真实。德拉克罗瓦本人也十分坦率地说：“当我走到这幅画前，它吓住了我。”

微教案

一、讲述故事

遥远的古代，远在西亚有一个奴隶制王朝。国王萨丹纳帕路斯早年英武有为，后来沉湎酒色，提前为自己写下墓志铭：“我曾为王，只要在我还能见到阳光之时，我就得吃喝玩乐。须知人生短暂，变幻莫测。须知别人将在我身后留下的位置上获得益处，所以我一天都不能放弃寻欢作乐。”这样的王朝，最终会是怎样的结局？

二、整体看图

1. 发生了什么事？（国王在兵临城下之际，将豪华王宫中的一切同他一起付之一炬）

2. 看着这幅画，你的心情如何？（害怕？愤怒？同情？谴责？）

3. 画上都画了些什么？（美女、宝马、珠宝……）

三、选点观察

1. 这幅画可以分为哪几个部分？

2. 哪个部分令你印象最深？

国王
- 衣着：皇冠，裹着白袍
- 姿势：斜倚床上，右手托着脑袋，左手藏在白袍里
- 表情：漠然
- 内心：疯狂……

四、活化图画

1. 看着画面，你听到了什么声音？

2. 画上的人都愿意死吗？他们会有怎样的表现？

教师作文

带着浪漫的毁灭

四面楚歌，兵临城下，敌人攻城的炮火震耳欲聋。

城里兵荒马乱，曾经繁华的王朝此刻已风雨飘摇。

王宫里一场惨绝人寰的杀戮正在上演。国王萨丹纳帕路斯头戴皇冠，裹着一身白袍，手托着脑袋，斜倚在床上，表情漠然。他知道，流水落花春去也，至高无上的皇权不再属于他；他知道，大好河山不再属于他；他知道，荣华富贵不再属于他……他无力抵抗，也不想做垂死挣扎，更不愿束手就擒，成为阶下囚，做敌人庆祝胜利的祭品，受尽凌辱。

他让侍从们在王宫里堆起了干柴，床下也塞满了柴火。他要与他深爱着的一切一起焚烧，江山留给敌人，他的爱不能留给敌人呀。

“汉兵已略地，四方楚歌声；大王意气尽，贱妾何聊生。”王后唱着虞姬唱过的歌，飘然而来。这位亚述帝国第一美女今天打扮得格外漂亮，她把绫罗绸缎、金银珠宝撒向柴堆。“哈哈哈……”她朗声笑着，高喊一声：“我的王，我先走了，在天堂等您！”然后举起宝剑，刺向胸前，顿时鲜血喷涌而出。她俯身倒在国王的床边，鲜血染红了国王的白袍，染红了国王躺着的象牙床。

“我也去了。”一个妃嫔也举剑自刎，仰面倒在床的另一边，只是脸上尽是泪水。一个个昔日受尽宠爱的妃嫔纷纷倒在国王的床边，把国王的床染成了红色，鲜血顺着象牙床流成了河。

“不，我不想死，我的王，让我离开吧，我还有家，我还有父母呀！”发出哀求的是希腊女奴米尔莎。她泪流如注，跪在国王的床边。这怎么能行？国王在天堂还需要她服侍呀。国王使了个眼色，一个身材魁梧的侍从便拽起她的胳膊向上提，米尔莎直立起来，身体后仰，无力挣扎，只有声嘶力竭的叫嚷：“我不要死，我不要死呀！”叫声令人心颤。“啊——”随着一声绝望的惨叫，一个无辜的生命倒在了血泊中。

一名武士牵着一匹白马走进王宫，国王冷冷地看了一眼白马。他曾经骑着它驰骋沙场，南征北战，所向披靡，给帝国带来辉煌。他不能放弃它，来生他还要骑着它去创造一个不灭的王朝。可怜的白马长啸一声，不是战死沙场，而是死在主人的床前……

攻城的炮声越来越响，喊杀声越来越近。

王宫里的屠杀还在继续，尸体横陈，殷红的血遍地流淌，凄厉的哭声，绝望的叫声，快把富丽堂皇的王宫给掀翻了……

忽然，王宫一片沉寂。数秒后，一道火光腾空而起。

一个王朝结束了，结束在汹涌的火海里。

喋血希阿岛

——品析德拉克罗瓦的《希阿岛的屠杀》兼精彩作文

画家与画

《希阿岛的屠杀》是德拉克罗瓦在 26 岁时根据当时真实的历史事件创作的。1822 年，土耳其占领了属于希腊的希阿岛，并血洗了这个小岛。据说被杀平民有 2 万多人，被卖为奴隶的有近 5 万人。侵略者的暴行激怒了欧洲的进步人士，也深深地激怒了画家德拉克罗瓦，他怀着深切的同情，以鲜明有力的构思、动人心魄的形象和雄劲奔放的构图揭露了土耳其的残暴罪行。《希阿岛的屠杀》描绘的是希阿岛刚刚被土耳其士兵劫掠过后的情形。画家用生命的激情、用愤怒与同情、用狂放的笔触和强烈的色彩再现了这个人间悲剧场景。《希阿岛的屠杀》震动了法国画坛，令古典派人士大为震惊，因为他们无法接受这样的题材和内容。

微教案

一、整体浏览

1. 画面可以分为哪几部分？

天空：令人压抑的云层。

远处：被焚烧的村落，被驱赶的人群。

近处：无力反抗的平民。

2. 画的是什么内容？（侵略者对手无寸铁的平民的屠杀）

二、观察人物

画家画了哪些人？

前景：坐着一位老妇人。

右上方：骄横残暴的士兵。

右下方：不省人世的年轻母亲。

左边：相依的夫妇、父女。

三、选点观察

画面中最令你难忘的是哪一个形象？如老妇人。

老妇人
- 穿着：衣衫褴褛
- 表情：漠然
- 内心：痛苦，悲愤
- 与周围人的关系：儿女？邻居？

四、想象

1. 看着这幅画，你听见了什么声音？（哭声、惨叫声、骂声、狰狞的笑声）

2. 按照画面情节的发展，会是怎样的结果？

教师作文

喋血希阿岛

希阿岛本是一个美丽的海岛，可是自从遭到豺狼掠夺后，这里变得一片荒芜，没有树木，没有花草，甚至人烟稀少。奥斯曼帝国对希腊人民的血腥屠杀还没有结束，尸横遍野，血流成河。天边的云朵也泛起血色，海在不远处无力地呻吟着。

一群衣衫褴褛的平民蜷缩在一个山坡上，荷枪实弹的侵略者虎视眈眈地监视着他们。手无寸铁的平民惊恐万状，疲惫不堪，已经失去了反抗能力。坐在最前面的是一位瘦骨嶙峋的老妇人，她脸色苍白，眼神茫然。她无奈地仰望苍天，双唇轻轻地动着，不知是在向上帝求助，还是在控诉侵略者的罪行！一位少妇横躺在老妇人的脚边，已经奄奄一息，多么可怜哪，婴儿还伏在母亲的胸前寻找活命的母乳。这一幕谁见了都会揪心，母子连心哪，母亲即将离世，她的眼神依然牵挂自己的孩子。这群野兽能饶过这无辜的婴儿吗？老妇人的右边是一对青年夫妇，他们紧紧地互相依偎着，地下是一摊鲜血。丈夫赤裸着身子，身材健硕，肌肉发达，一定是一个勇士。他浓眉大眼，络腮胡子，双眼喷着复仇的怒火，如果不是被侵略者打伤了，残了，他一定会一跃而起，与侵犯他美丽家园的敌人拼个你死我活。美丽的妻子双目低垂，对生已经不抱希望了。这是一场惨绝人寰的杀戮，年迈的母亲抱着死去的孩子，哭声惊天地泣鬼神，可就是打动不了侵略者的铁石心肠。年轻的女儿捶胸顿足哭着询问白发老父："我们究竟得罪了谁?"老父一脸沧桑，他又去问谁呢?

一个士兵骑着一匹黑马朝这里飞奔而来，他骄横残暴，发出一阵阵狂笑，以胜利者的姿态得意地看着被他蹂躏过的土地。在他的马背后拖着一个被五花大绑的少女，那是豺狼的猎物啊。少女拼命地挣扎着，呼喊着，可是呼天天不应，叫地地不灵啊！马的前面有一只高举的手臂，可是又怎能挡住这飞奔而来的烈马呢？一对年轻的恋人埋头紧紧地拥抱着，吓得浑身发抖，不敢看眼前即将发生的一切……

又是一阵惨叫，又是一阵狂妄的奸笑。几分钟过后，小岛万籁俱寂，只有一声声凄厉的海风在哭泣，只有朵朵洁白的海浪在祭奠这群惨死的亡魂……

聆听大师们的教诲

——品析拉斐尔的《雅典学院》兼精彩作文

画家与画

拉斐尔·桑西（1483—1520年），意大利著名画家，和达·芬奇、米开朗基罗并称"文艺复兴三杰"。拉斐尔的父亲是位画家，所以他从小就随父亲学画。父亲去世后，他给一位画家当助手。成年后，拉斐尔潜心研究各画派大师的艺术特点，并认真领悟，博采众长，最后形成了独具古典精神的秀美、圆润、柔和的艺术风格，代表了当时人们最崇尚的审美趣味，成为后世古典主义者无法企及的典范。

1508年，拉斐尔离开佛罗伦萨来到罗马，开始为教皇尤里乌斯二世工作。在此期间，他为教皇的宫殿绘制了大量壁画。《雅典学院》是所有壁画中的杰作。在这幅壁画中，拉斐尔把希腊、意大利的学者和哲学家聚集一堂，让他们展开热烈的学术讨论。这幅巨大壁画以柏拉图和亚里士多德为中心，画了五十多位大学者，不仅出色地显示了拉斐尔的肖像画才能，而且发挥了他所擅长的空间构图技巧。该画与达·芬奇的《最后的晚餐》、米开朗基罗的《最后的审判》并称为文艺复兴时期的三大杰作。难能可贵的是，创作《雅典学院》时拉斐尔只有26岁。

微教案

一、整体欣赏

1. 我们观画时的第一印象是什么？（雅典学院的建筑物非常宏伟，画面人物众多）

2. 你知道画中都有谁吗？（大厅里汇聚了不同时代、不同地域、不同学派的哲学家、艺术家、科学家等五十多位，如柏拉图、亚里士多德、毕达哥拉斯、欧几里德……他们齐聚一堂，展开了激烈的学术讨论）

二、观察建筑

1. 假如你就站在“雅典学院”门前，你有什么感觉？（宏伟，肃穆，气势恢宏）

2. 你看到了什么？（宽敞的大厅，高高的大穹顶，金碧辉煌的装饰壁龛上的太阳神阿波罗和智慧女神雅典娜的雕像，窗外晴朗的天空）

三、观察中心人物

1. 向我们走来的是古希腊伟大的哲学家柏拉图和亚里士多德这对师生，请观察他们的形象。

柏拉图：
- 身披红袍，大胡子
- 右手指向天空
- 腋下夹着自己的著作《蒂迈欧篇》

亚里士多德：
- 披着蓝袍，络腮胡子，目光犀利
- 右手指向地下
- 左手拿着他的《伦理学》

2. 师生二人在争论哲学话题，联系他们的动作，猜猜他们在争论什么。

3. 周围人是怎样聆听两位先哲的争论的？（表情，动作）

四、选点观察

1. 画面中还有哪一个形象或哪一组人物让你印象特别深刻？

如右侧台阶下，几何学家欧几里德弯腰画圆；四个学生有的趴着，有的俯身，有的仰头，有的弯腰。他们有可能说些什么话？

2. 假如你在现场，请说说你看到了什么，听到了什么，有什么感想。

教师作文

聆听大师们的教诲

暑假里的一趟欧洲之旅让我终生难忘。一个名叫拉斐尔的导游带我们来到了 2000 多年前的意大利雅典学院参观。

踏进那个闻名后世的学术大礼堂，我不由得放慢了脚步，一种难以言状的神圣感扑面而来。大礼堂气势恢宏，没有一根柱子，大穹顶由一条条半圆形的拱梁拱起，是那样的庄严肃穆。淡黄色的大理石墙壁雕刻着精美的花纹，左右壁龛里分别是太阳神阿波罗和智慧女神雅典娜的雕像。

这里好热闹呀，艺术家、哲学家、数学家……各门学科的顶级大师齐聚一堂，侃侃而谈。

礼堂里响起一阵热烈的掌声，导游拉斐尔对我们说：“快看，谁来了?”啊，那不是柏拉图和亚里士多德吗？柏拉图身披红袍，鹤发童颜，双目炯炯有神。年轻的亚里士多德身披蓝袍，神采奕奕，目光犀利。师生俩从礼堂后面信步走来，柏拉图腋下夹着自己的哲学巨著《蒂迈欧篇》，右手指向天空，对亚里士多德说：“思想永远是宇宙的统治者。”亚里士多德左手拿着他的不朽著作《伦理学》，右手指向地下说：“民以食为天，大地才是我们存在的家园。吾爱师，但更爱真理呀!”……两人的争论越来越激烈，嗓门越来越大，周围的人纷纷走过来。大家的目光都聚在两位大师的身上，有的在凝神谛听，发出会心的微笑；有的在静静深思，不时微微点头，也不知是赞同谁的观点；有的在飞快地做着笔记，珍惜这一次千载难逢的大师论道的机会；有的情不自禁地鼓起掌来……

“那位孤独地半躺半卧在石阶上的白发老者是谁呀?”我满脸疑惑地问导游拉斐尔。

“哈哈……”导游拉斐尔朗声大笑，“这可是犬儒学派大哲学家第欧根尼。他主张与大自然为友，认为社会生活和文化生活都是无足轻重的。不知今天他又要发表什么高论。”

真有意思，这与中国古代老子主张的回归大自然多么像呀，他们一个在西方，一个在东方，观点竟如此不谋而合。这时，左边石阶上蹲着的一位身材敦实的老人引起了我的兴趣：“他是谁呀?”导游拉斐尔说：“他是古希腊哲学家毕达哥拉斯，就是那个发现勾股定理的人。”我不由肃然起敬，他正捧着一本厚厚的书籍，神情专注地对身边的人讲述他的新发现。站在他身后的人都倾着身子，好像也要看看他在书上写了些什么。那位扶着小黑板的金发美女一定是毕老师的得意学生吧，她脸上露出会心的微笑。那位站着的黄衣人，也被毕老师精彩的发言吸引过来了，他转过头来，脸上写着惊叹。只有那个年轻的学者，独自一人倚着石桌沉思着，陶醉在自我的世界里。

“那右边的那些人又是谁呢?”我好奇地问。

导游拉斐尔说：“中间那位用圆规在石板上进行演算的是几何学家欧几里德呀!”是他吗?就是说过“在几何学里，没有专为国王铺设的大道”的那位数学家吗?今天我可大开眼界了。他弯着腰，一边画一边娓娓动听地讲述着。爱徒们围着他津津有味地听着、讨论着、争论着，有的跪着，有的蹲着，有的干脆趴在地上，沉醉在神奇的几何空间……

这是一趟多么美妙的旅行，年轻的拉斐尔让我们仰望历史的星空，认识了这么多杰出的智者。如今虽然我们离开了雅典学院，心却还留在那。

当灾难来临时

——品析勃留洛夫的《庞贝城的末日》兼精彩作文

画家与画

卡尔·巴甫洛维奇·勃留洛夫（1799—1852 年），俄国古典主义学院派画家。他出生在圣彼得堡，父亲是画家兼装饰雕刻家。1808 年，勃留洛夫被送进皇家美术学院幼儿班学画。1822 年，勃留洛夫赴意大利学习，意大利古代艺术和文艺复兴时期大师们的光辉成就影响了他一生的创作活动。

1827 年，勃留洛夫赴庞贝古城遗址考察。站在庞贝古城的废墟上，他仿佛亲眼看到了那种末日到来时震慑人心的情景。画家仔细研究了史料和考古学资料，创作完成了名作《庞贝城的末日》，并先后在米兰和巴黎展出，引起极大轰动。诗人普希金称这幅画是“俄罗斯画坛的初日”。画中宏伟的建筑在坠毁，雕像正在崩落，火山正在喷发着可怕的烈焰，惊慌失措的人们东奔西窜，形象地表达了人类在“末日”来临时的恐惧和精神状态。

微教案

一、庞贝古城

2000 多年前，世界上有一个跨越欧洲、亚洲和非洲三大洲的罗马帝国。庞贝是古罗马帝国最繁荣的城市。可是在一场天灾之后，它突然消失了，深深地被埋在地下长达 1000 多年。直到 1748 年，当地农民在庞贝古城遗址偶然发现了一些遗物，人们才惊喜地发现一座古代城市完整地被掩埋在他们脚下。在考古学家的指导下，人们进行挖掘，终于，一座沉睡了1700多年的古城完整地呈现在世人面前，震惊了世界！

（欣赏庞贝古城遗址图。）

二、浏览画面

1. 画中画的是什么时间的什么情景？（火山爆发即将毁灭古城，在那个天崩地裂的时刻，到处充满了恐惧与慌乱，所有的人都在逃命）

2. 看这幅画时，你的心情是怎样的？

3. 该画可分为几个部分？你看到了什么？（乌云与火光交织的天空，摇摇欲坠的建筑物，惊慌失措的人群，跌倒在地的人们……）

三、定点观察

最令你挥之不去的是哪一个镜头？例如，左下角的四个人。

1. 他们可能是什么关系？

2. 他们的目光、表情如何？（盯着即将倒塌的建筑，充满了恐惧）

3. 他们的动作是怎样的？（搂着，生死相依）

四、我的评价

1. 面对这样的画面、这样的灾难，你有怎样的感想？（不可战胜的自然力量，珍爱今天的生活……）

2. 在画中你发现人性中可贵的地方了吗？（面对灾难，人们依然没有忘记爱，爱自己的家人，爱需要帮助的人……）

教师作文

当灾难来临时

那是一个阳光灿烂的日子，远处维苏威火山静静地矗立着，美丽的庞贝城到处盛开着鲜花，海浪轻轻地拍打着海岸。人们带着好心情出门，开始一天的新生活。大街上车水马龙，人流如织，商贩们早早就开始营业了。音乐广场座无虚席，听众们悠闲地听着音乐；市政大楼前的草坪上，人们快乐地玩耍；太阳神殿里钟声悠扬，人们正在虔诚地做礼拜，为家人祈福；斗兽场里传来阵阵欢呼声、叫嚷声……

可是，谁都不会想到，一场空前的灾难正悄悄地向他们逼近！

“轰隆隆……”一声巨响，山摇地动！紧接着，维苏威火山喷发出巨型的“岩浆瀑布”，排山倒海般地扑向人们……

火山爆发了！天空黑沉沉的，就像一个无底的黑洞。人们吓坏了，四处逃窜，大地在摇晃，高大的建筑物瞬间倒塌。人们尖叫着，哭喊着……

天越来越黑，放眼望去，只有一片废墟。人们在仅剩的角落里躲了起来。

那一家四口一定是从睡梦中惊醒的，他们裹着一床被单慌忙逃到了大街上。这薄薄的一条床单怎能挡得住不断往下落的砖头和瓦砾！强壮的男主人光着臂膀，右手护着孩子和妻子，左手高抬想遮住刺眼的火光。美丽的女主人怀里抱着一个孩子，仰面望着像恶魔一样扑来的火舌，露出绝望的神情。那个稍大点儿的孩子，全身赤裸，紧紧地抱着父母，掩面而哭。要不是从天而降的灭顶之灾，他们一家此刻说不定还做着甜蜜的梦呢。

这是一个多么令人毛骨悚然的梦呀。一个年轻的妈妈倒在路中央，双目紧闭，看来已经没有气息了。胖乎乎的孩子趴在母亲的身上失声大哭，可是在这天崩地裂的关头，人们自身难保，谁还会注意到这对不幸的母子呢？精美的首饰、华贵的珍珠散落一地，谁也没有去注意它，只有此时，人们才真正体会到金银财宝如粪土！

另一个角落，一位年轻的母亲为了救她年幼的女儿，被倒下的建筑物砸死了，而她的女儿，在母亲身旁久久不肯离去。

有一家三口蹲在地上，父母紧紧地搂着自己年幼无知的孩子，孩子哭着问妈妈：“妈妈，我们能活下去吗？”脸色苍白的母亲回答道：“孩子，我们不会死的。会有人来救咱们的！你不要害怕，就算天塌下来，也有妈妈替你顶着！”

长老向上天祈祷着：“我尊敬的天神！请不要将厄运降临在我们头上，我们可都是上帝的子女啊！”

可是，无论怎么祈祷，都无济于事。天神似乎下了决心要把这座美丽的城市毁灭。人们的哭喊声越来越小，越来越小，最后，一切都归于平静。这座美丽的城市，就这样，在地下开始了沉睡……

灾 难

——品析勒鲁的《维苏威火山爆发》兼精彩作文

画家与画

路易斯·埃克托尔·勒鲁（1829—1900年），法国著名画家，1849年进入巴黎国立高等美术学院学习。从1863年起，勒鲁创作的画几乎都是古典的主题，偶尔涉及历史或圣经主题。

《维苏威火山爆发》描绘的是公元79年8月23日维苏威火山突然爆发时的情景。这幅杰作常常被引喻为世事难料，命运不能为自已所掌控，灾难不知何时会降临，令人们不禁感叹生命竟是如此的脆弱。面中，画家以强烈的明暗对比手法展现了天地间一片昏暗，滚滚的尘埃已遮天蔽日。远处黑暗中的亮点是那么明显，叙说着维苏威火山正在爆发，岩浆瞬间即可溢出；近处的亮点面积更大，强调了身着白衣逃难的妇女，她们的表情惊恐而绝望。作品运用古典的手法，刻画了女人们的表情与神态，体现出古典式的理性与严谨。

微教案

一、维苏威火山

维苏威火山是世界最著名的火山之一，位于意大利南部那不勒斯湾东海岸，海拔1281米。维苏威火山多次爆发，熔岩、火山灰、碎屑流、泥石流和致命气体夺去了不计其数的生命。最为惨烈的一次是公元79年的大规模喷发，灼热的火山碎屑流毁灭了当时极为繁华的庞贝城。据记载，1944年维苏威火山再次爆发，喷出的火山砾和火山渣高出山顶约200米～500米。

火山爆发的奇妙景观使得正在山下激战的同盟国军队与纳粹士兵停止了战斗，成千上万的士兵跑去观看这一大自然的奇观。

二、观画心情

1. 当我们站在这幅名画前时，是一种怎样的心情？（恐惧、害怕）为什么？

2. 说说画中火山爆发这一背景。

三、分组观察

1. 画中有几组人物？（一组灰衣人，一组白衣姐妹）

2. 观察白衣姐妹。

（1）想象三人的关系。

（2）三个人的表情一样吗？

（3）她们可能会说些什么话？

四、身临其境

1. 你听见了什么声音？

2. 假如你是从现场逃出来的，你会怎样介绍这次难忘的经历？

教师作文

灾　难

公元79年，意大利南部那不勒斯海湾之畔。

维苏威火山静静地矗立着，似乎还在做着恬静的梦。山下沃野千里，花红柳绿，一切是那么祥和、宁静。

“轰——”一声巨响，响彻云霄，山摇地动。人们不约而同转身望去，天哪，维苏威火山爆发了！所有人都惊呆了，他们张大嘴巴，瞪大眼睛，恐惧、绝望写在每一个人的脸上。人们像一尊尊木然的雕像站立不动，仿佛时间凝固了，只有火山还在喷发，滚滚的浓烟一下子遮蔽了蓝天，吞没了太阳。火山喷发的烈火直冲云霄，天边燃烧起来了！金黄的、黑黄的岩浆像瀑布一样从山顶飞泻而下，火山灰像几千万只可怕的黑蝴蝶漫天飞舞……

“世界末日来临啦！”不知是谁大喊一声，所有的“雕像”又“复活”

了。人们惊恐万状，携儿带女，四处奔逃。

“爸爸——”

“孩子——”

“老天爷，你睁开眼吧！”叫喊声，哭泣声，咒骂声，响成一片。黑色的火山灰肆无忌惮地到处飞扬，人们很快就变成了“黑人”。热浪一阵阵袭来，烤得人们热汗直流。跑不动的老人倒在路边呻吟着，妈妈们抱着婴儿不顾一切地跑着……人们忘记了财富，忘记了恩怨，忘记了事业，心中只有一个念头，那就是逃命。

几个老人自知生存无望，颤巍巍地站着，虔诚地张开双臂，向天祷告：“万能的主呀，请救救我们吧！”但他们的声音如此微弱，怎能传到天上？刹那间，铺天盖地的火山灰裹住了他们，把他们变成了一尊尊黑色的塑像。

逃难的人群中有三个身着白纱的姐妹格外引人注目，她们是这里有名的“三朵金花”，但此时，她们的白纱衣已成了黑袍。她们正奋不顾身地向一个小山头跑去，大姐抱着一个陶罐，二姐推着一个精致的木箱。忽然，二姐一个趔趄，跌倒在路边，大姐赶紧扶起她，让她坐在木箱上。二姐双手无力地垂下，脸色苍白，气喘吁吁地说：“别管我，你们赶快逃命吧！”说着，脸侧向一旁。小妹伏在二姐的身上，不住地说：“我怕，我怕……”只有大姐依然神色镇定，她双手扶着二姐的肩膀，望着远处不断肆虐的火山，似乎在等待着奇迹的发生，或者上帝会突然醒来，拴住这火山恶魔；或者东方的孙悟空会突然造访这片受难的土地，挥动芭蕉扇把这可恶的火山扇到东海去……

可是，奇迹始终没有出现。血红色的岩浆如汹涌的潮水扑向广袤的土地，扑向繁华的庞贝城，扑向碧波荡漾的那不勒斯海湾……

纤绳，拉不完的苦难

——品析列宾的《伏尔加河上的纤夫》兼精彩作文

画家与画

伊里亚·叶菲莫维奇·列宾（1844—1930 年），俄国批判现实主义画家。他以无比丰富的创作和卓越的表现技巧，把俄国现实主义绘画艺术发展到高峰。列宾出生于一个军人家庭，之后进入圣彼得堡美术学院，美术学院的学习为他的素描技巧和油画技巧奠定了基础。

《伏尔加河上的纤夫》是列宾的代表作，也是他的成名作。1869 年，列宾到涅瓦河写生，发现河的那头有一队人在岸边蠕动。他走近一看，原来是一队拉着货船的纤夫。他又把目光转向涅瓦河大桥上往来人群中的红男绿女。这是两个完全不同的世界！这成为他挥之不去的记忆，于是他决定把这一苦役般的劳动景象画出来。他用了几年的时间才创作完成这幅世界名作。在宽广的伏尔加河上，一队纤夫拉着沉重的货船在河岸上艰难地行进着。时间正值夏日的中午，闷热笼罩着大地，一条粗大、陈旧的纤绳把纤夫们连接在一起。他们面容憔悴，哼着低沉的号子，默默地向前缓行。

微教案

一、诗歌欣赏

大门前的沉思（节选）

（俄国）涅克拉索夫

……

走上伏尔加河畔：在俄罗斯辽阔的大河上，
那回响着的是谁的呻吟？

这呻吟在我们这里被叫作歌声——

那是拽着纤索的纤夫们在行进！

……

1. 读诗。

2. 看画：你听见纤夫的“歌声”了吗？

二、浏览画面

1. 画中画的是什么时间？天气如何？地点是哪里？（夏日的午后；晴空万里；伏尔加河河岸，黄沙灼热）

2. 画了几个纤夫？他们有什么相同或不同的地方？整个画面在人物安排上分成了几组？

第一组 4 人：

领头的“大胡子”，表情温顺；他的右边是身材魁梧、头发蓬乱的汉子。

身后是一个身材高挑的瘦子，头戴麦秆帽，叼着烟斗；瘦子的左侧是一个弓背弯腰的纤夫，看上去很倔强。

第二组 4 人：

位于画面中间的是一个红衣少年；身后是一个秃顶老汉，脸色阴沉；少年右边是个羸弱的纤夫，步履艰难；少年和老汉的中间露出的纤夫的脸庞发黑。

第三组 3 人：

穿白色衬衫的是一个退役军人；他身后的汉子回头望向货船；走在最后的那个人低垂着头，走得很吃力。

三、选点观察

认真观察每一个纤夫，将视线从画面移开，哪一个纤夫在你的脑海里挥之不去？例如，第一位老汉。

第一位老汉
- 穿着：衣服上尽是补丁，头上戴着破头巾
- 表情：眼窝深陷，目光暗淡
- 经历：也许是失地农民，也许是……

四、画面想象

1. 他们在拉纤过程中可能会发生一些什么事？

2. 纤夫们一边拉纤，一边会交谈些什么？

教师作文

纤绳，拉不完的苦难

骄阳似火，辽阔的伏尔加河静静地流淌着。

河畔沙滩上，一群衣衫褴褛的纤夫向前倾着身子，拉着沉重的货船，艰难地跋涉着。

中间那个穿着破烂红衣的少年便是我。我本是富家子弟，在贵族学校读书，过着衣来伸手、饭来张口的生活。谁知天有不测风云，父亲一夜之间破产，我从天堂掉进了地狱，为了有一口饭吃，狠心的父亲把我送进了拉纤队，干起了与我的年龄不相称的重活。紧绷的纤绳勒得我浑身疼，双腿像灌了铅似的沉重，我不时直起腰偷偷地松一口气。

我的右边是个瘦瘦的中年人，他满头大汗，不停地用袖子拭额头的汗水。显然，他生病了，脸红红的，不知是不是发烧了。他不断地喘着粗气，多么可怜的人呀！

我身后的秃顶老人，须发皆白，古铜色的脸上没有任何表情，只写着沧桑。他长年累月从事这份沉重的工作，好像已经习以为常了。你瞧他，一边拉纤，一边还在装烟。他深深地吸一口，又轻轻地吐出来，浓浓的烟雾飘散开来。老人的年龄与我的爷爷差不多。爷爷？我的爷爷此刻在哪儿呀？他可是最爱我的人呀。他原本是令人尊敬的神父，只因为得罪了上司被解职，失去了工作。爷爷在哪儿呀？他难道也在拉纤吗？爷爷瘦弱的身体能承受如此沉重的负荷吗？我的心不由地揪紧了，我胸前的十字架还是爷爷送的，它能保佑我和爷爷吗？另外，领头的两个人和走在最后面的那个人，也与我的爷爷年龄差不多。他们面容憔悴，目光茫然，神情沮丧，拉了一辈子的纤，把自己的青春和汗水都献给了这长长的伏尔加河，却依然过着贫困的生活。最后面的那个老纤夫，好像对什么都已不抱希望，头埋得低低的，有气无力地垂着双手，艰难地挪动着双脚。

“你们这群蠢驴！磨磨蹭蹭的，什么时候才能拉到?!”船上的一个穿红衣的人冲着我们吼道。大家都不去理他，依然垂着头，倾着身子。纤夫们对老板的谩骂，大都已经麻木了，只有那个戴白帽子的汉子，回过头去冲着货船嘟囔了一句，仿佛在诅咒着什么。他愤怒的眼睛里好像会喷出火来。

今天一丝风都没有，脚下的沙像在锅里炒过似的滚烫滚烫的，头上的太阳火一样地烤着大地，纤绳勒得我好疼呀。我要哭了，可路还好长好长……

乞讨的贝里塞赫

作者：（法国）雅克·路易·大卫

时间：1781 年

类型：布面油画

藏址：法国里尔美术博物馆

萨丹纳帕路斯之死

作者：（法国）欧仁·德拉克罗瓦

时间：1827 年

类型：油画

藏址：法国巴黎卢浮宫博物馆

希阿岛的屠杀

作者：（法国）欧仁·德拉克罗瓦
时间：1824 年
类型：布面油画
藏址：法国巴黎卢浮宫博物馆

雅典学院

作者：（意大利）拉斐尔·桑西

类型：天顶画

时间：1510—1511 年

藏址：意大利罗马圣彼得教堂梵蒂冈教皇宫

庞贝城的末日

作者：（俄国）卡尔·巴甫洛维奇·勃留洛夫

时间：1833 年

类型：油画

藏址：俄罗斯博物馆

维苏威火山爆发

作者：（法国）路易斯·埃克托尔·勒鲁
时间：1881 年
类型：布油彩
藏址：法国第戎美术馆

伏尔加河上的纤夫

作者：（俄国）伊里亚·叶菲莫维奇·列宾

时间：1870—1873 年

类型：布油彩

藏址：俄罗斯国立美术馆

自由引导人民

作者：（法国）欧仁·德拉克罗瓦

时间：1830 年

类型：布面油画

藏址：法国巴黎卢浮宫博物馆

意外归来

作者：（俄国）伊里亚·叶菲莫维奇·列宾

时间：约 1882 年

类型：布面油画

藏址：俄罗斯莫斯科特列恰科夫美术博物馆

梅杜萨之筏

作者：（法国）泰奥多尔·籍里柯

时间：1819 年

类型：油画

藏址：法国巴黎卢浮宫博物馆

四季——冬

作者：（法国）尼古拉斯·普桑

时间：1660—1664 年

类型：油画

藏址：法国巴黎卢浮宫博物馆

抢劫萨宾妇女

作者：（法国）尼古拉斯·普桑
时间：1637—1638 年
类型：布上油画
藏址：法国巴黎卢浮宫博物馆

冒着敌人的炮火前进

——品析德拉克罗瓦的《自由引导人民》兼精彩作文

画家与画

《自由引导人民》是一幅典型的浪漫主义美术作品，也是德拉克罗瓦最具代表性的作品。它曾被制成各种印刷品、邮票、钱币，在世界各地广为流传。作品取材于真实事件。1830年，法国七月革命，第二次复辟的波旁王朝为了加强皇权，宣布解散议会，限制公民的选举权和出版自由。这激怒了法国人民，他们再一次发动暴力革命，推翻了封建王朝。《自由引导人民》表现的正是这一幕。画面主体是一位年轻的女性，她右手高高举着一面三色旗，左手拿着一把带刺刀的枪，侧头为参加战斗的人们打气。她两侧的年轻人在她的鼓舞下，挥舞着手中的武器勇敢地前进。

画家德拉克罗瓦并没有参加这次战斗，但战斗最激烈的地方距离他的工作室很近，他目睹了许多真实、悲壮的场景。德拉克罗瓦决定创作这幅作品是受到人民起义的感召，他在给哥哥的信中写道："虽然未能为祖国的自由而战，但我至少要用绘画来为祖国争光!"

微教案

一、浏览画面

1. 时间：清晨，太阳还没升起。

2. 地点：通往王宫的大街上。

3. 人物："自由女神"、起义人群、横七竖八躺在地上的人。

4. 想象图中人物的身份、动作。

二、观察“自由女神”

“自由女神”
- 穿戴：米黄色连衣裙，红色弗吉尼亚帽
- 动作：右手举旗，左手握枪，扭头召唤，迈步前进
- 神态：火光映衬下，温和中带着严肃的脸庞

三、其他人物

1. 女神左边的少年。
2. 女神右边的青年。
3. 女神脚边的蓝衣少女。
4. 其他人物。

四、画面声音

通过画面，你听到了什么声音？

教师作文

冒着敌人的炮火前进

法国巴黎，天才刚刚亮，太阳还没有升起来，远处的巴黎圣母院笼罩在晨雾之中。通往皇宫的宽阔大道的两边的建筑不少已是断壁残垣，路上到处是沙土和瓦砾。

“砰砰砰……”枪声四起，子弹呼啸着在人们的头上掠过。“轰——”“轰——”此起彼伏的炮弹爆炸声令大地颤动，空气中充满着火药味和灰尘。

一支由失业工人、农民、商人、知识分子等各个阶层的人们组成的队伍，带着各种武器冒着敌人的枪林弹雨，像潮水般汹涌而来。领头的是一个美丽的“自由女神”，她衣着朴素，头戴法国大革命时期的红色弗吉尼亚帽，左手握着长枪，右手高举着象征自由、平等、博爱的三色旗，侧着身子，眼睛回望，招呼着后面的队伍。“同志们，冲啊！”“自由女神”振臂高呼。炮弹不断在她的不远处爆炸，三色旗在火光中更加引人夺目。“自由女神”在炮火的映照下更显得英姿飒爽、豪情万丈。

“打倒波旁王朝！”一个少年高呼着口号，手持双枪从“自由女神”的

左边急奔而来。少年挎着一个沉甸甸的书包，说不定是一个失学的孩子，双眼流露出对这黑暗世界的不满。一个身穿黑衣、头戴高筒帽的青年紧握步枪，也紧跟而来。青年身后是一个留着络腮胡子的工人，他的双眼喷射出愤怒的火焰。他高举战刀要与敌人战斗到底……

“砰砰砰……”王朝的禁卫军不断向起义民众开枪，罪恶的子弹四处横飞。起义民众有的挥舞着大刀，有的紧握着长枪，有的高举着木棍，跟着“自由女神”冒着敌人的炮火前进。“砰砰砰……”起义民众开枪还击，正义的烈火向敌方烧去。前进的路上陈尸遍地，除了禁卫军外，还有英勇献身的兄弟姐妹。“自由女神”脚边有一个受伤的蓝衣少女，她双手艰难地撑着身子想站起来。她仰望着“自由女神”手中的三色旗，泪流满面，目光中流露出对自由的渴望……

“打倒波旁王朝，我们要自由——”人们一边怒吼，一边向前奔去。刀光剑影闪过，枪林弹雨飞过。寻找自由的人们一排排倒下，后面的人又无所畏惧地顶上来。敌人一个个倒在血泊之中！正义的人们踩着敌人的尸体，踩着队友用身躯搭成的人桥，向胜利奔去。

最后终于打败了波旁王朝，那面象征自由、平等、博爱的三色旗永远飘扬在法国的上空。

归 来

——品析列宾的《意外归来》兼精彩作文

画家与画

《意外归来》是俄国写实主义绘画大师列宾创作鼎盛时期的一幅作品，画家在画中塑造了一个在沙皇专制统治下遭受迫害的革命知识分子的形象。经过长期流放和苦役，革命者突然归来。他面容瘦削、满脸胡须。列宾抓住“归来者”突然归来跨进家门的一瞬间，通过对全家每一个成员细致的心理刻画，突出了主人公的形象，并烘托出富有戏剧性的场面。门口的女佣把他看成“陌生人”，年迈的母亲吃惊地从沙发上站起来。画面中还有他的妻子和两个孩子。画面上每个人都栩栩如生。

微教案

一、主题背景

1. 对于这幅画你有什么疑问？如“归来者”是谁？他从哪里来？为什么是“意外”？

2. 背景简介。

19 世纪中叶，沙皇统治下的俄国是一个封建专制的国家，人们连言论自由都没有，广大下层贫民没有受教育的权利，尤其是农民们更是愚昧无知，只知逆来顺受。当时，不少知识分子为国家的前途忧心忡忡，纷纷起来反抗沙皇的统治。1881 年，俄国发生了谋刺亚历山大二世的政治事件。事后，俄国统治者对参与暗杀的同谋者处以极刑，其余嫌疑者处以监禁、流放和苦役。亚历山大三世在加冕典礼上宣布政治大赦，释放与此事件有关的人。当时，被流放了20多年的进步作家尼古拉·车尔尼雪夫斯基就是其中之一。这个事件一直萦绕在列宾心头，《意外归来》就是在这样的背景下应运而生的。

二、浏览画面

1. 画中画了几个人？分别是什么人？

2. 观察各人的表情。

归来者：有点矜持和犹豫，但透着坚毅和勇敢。

老妇人：面对儿子的突然归来，万分惊愕，简直不敢相信这是真的。

妻子：平静的目光掩饰不住内心的激动。

一双子女：欣喜、胆怯。

女佣：疑惑。

三、选点观察

目光从画面移开，哪个人物留给你的印象最深？如归来者。

归来者
- 容貌：高个子，面容瘦削，满脸胡须
- 穿着：肥大的大衣，破旧的围巾，沾满泥土的靴子
- 神情：矜持，打量着眼前熟悉又陌生的家
- 心情：感慨万千

四、画前画后

1. 想象一下“归来者”到家之前，家人的活动。

2. 接下来会发生什么事？

教师作文

归　来

雨过天晴，明媚的阳光透过树梢照进房间。小屋虽然有点破旧，但被收拾得干干净净，宽敞而明亮，温暖而舒适。墙上挂着名人的照片和名家的油画，屋内一角放着一台钢琴，为小屋增添了些许文化味。

这个家看起来挺温馨的。两个可爱的孩子坐在书桌前，妹妹还在读幼儿园吧，她一边玩玩具，一边看哥哥写作业。哥哥的脸上稚气未脱，看样

子比妹妹也大不了多少，他正对着课本沉思，一定是被一道习题难住了吧。慈祥的奶奶穿着一袭黑衣，坐在沙发上，正在翻阅报纸，了解当天的新闻。美丽的女主人坐在钢琴前，手指娴熟地在琴键上跳舞，悠扬的旋律飞出了窗外。她披着外套，眉清目秀，很有气质，只是她的脸上不时露出忧郁的神情，飞扬的旋律中带着淡淡的忧愁。

“咚、咚、咚”，忽然响起了一阵敲门声。

“吱呀——”女佣拉开了门。

在女佣警惕的目光中，一个衣衫褴褛的中年人不请而入，径直走进小屋。不速之客！全屋的人都“唰”的一声，扭头朝门口望去。

“罗夫斯基——”奶奶惊叫一声，从沙发上站了起来，双手按着椅背，满是皱纹的脸上写满惊喜。儿子的突然归来对母亲而言，简直是喜从天降！她恨不得一步扑向前，拥抱她心爱的儿子！几年前，儿子被沙皇反动派抓走时还是壮实的小伙，现在回来居然成了瘦高的“小老头”了——脸庞瘦削，面色憔悴，目光黯淡，络腮胡。春天的阳光这么暖和，他却穿着一件肥大的呢大衣，脚上是沾满泥土的靴子。看着儿子现在的样子，老母亲心如刀割。

琴声也戛然而止，美丽的女主人望着突然归来的丈夫，悲喜交加，几年的等待，多少担忧，多少辛苦，多少思念，无法从头说起，只化作两行热泪夺眶而出……男孩儿欣喜地挺直身子抬起头，那双水灵灵的眼睛注视着眼前这位似曾相识的陌生人。妹妹的大眼睛直盯着来者，她可从来没见过他呀，他是谁？他就是妈妈常提起的爸爸吗？那年她刚出生，爸爸就被沙皇抓走了，流放到很远很远的地方，妈妈说爸爸知识渊博，人长得很帅很帅，会讲很多很多故事……他，真的是爸爸吗？女孩的眼睛尽是疑惑。

小屋里一片宁静，此时无声胜有声。

屋外灿烂的阳光暖暖地照着，耳边传来了一声清脆的鸟儿的叫声。

一叶生死孤筏

——品析籍里柯的《梅杜萨之筏》兼精彩作文

画家与画

泰奥多尔·籍里柯（1792—1824 年），法国著名画家，浪漫主义画派的先驱者。

籍里柯生于法国里昂，自幼喜爱绘画，15 岁迁居巴黎，师从古典派画家格罗学画。然而，籍里柯对古典派教条似的艺术规则异常反感，处处与之格格不入。终于，籍里柯的消极态度激怒了老师格罗，格罗把籍里柯赶出了画室，并当着众多学生的面嘲笑籍里柯“没有希望成为画家，一辈子不会有出息”。这句话刺伤了籍里柯的自尊，他暗下决心一定要成为绘画大家，一洗今天的耻辱。因为籍里柯是被格罗驱逐出门的，许多画家碍于面子都不愿意收他为徒。对此籍里柯毫不气馁，没有老师他就遍访各大博物馆和画廊，从前辈大师的成就中学习有益的元素，之后于 1819 年完成了《梅杜萨之筏》这幅浪漫主义杰作。

《梅杜萨之筏》取材于一个真实的事件。1816 年 7 月，贵族出生的船长肖马雷对航海知识一窍不通，却被法国政府指派驾驶“梅杜萨号”巡洋舰远征非洲塞内加尔，不幸在途中触礁沉没。船长和一些官员都乘小船逃命了，150 多名士兵、水手和乘客被丢弃在临时捆绑的木筏上随波漂流。13 天后被救时，筏上生还者只有 15 人。这件事深深震动了籍里柯。籍里柯找到了那些生还的乘客了解情况，在生还者的帮助下复制了那艘筏子，并到海上去试验他的筏子，体验逃生经历。之后籍里柯创作了名画《梅杜萨之筏》。1819 年《梅杜萨之筏》在法国国家美术展览会上展出，引起极大的震撼，被看作浪漫主义绘画的重要代表作，标志着浪漫主义画派的真正形成。这幅取自现实生活题材的作品表现了画家对人类命运的关注，暴露了无能的法国政府的过失，从而使它具有了强烈的政治引喻意义。

籍里柯只活了33岁，他短暂的一生给人类留下的艺术遗产有191幅油画、180余幅素描、100余幅石版画和6件雕塑，其中《艾普森的赛马》《梅杜萨之筏》等都广为人们称道。

微教案

一、讲述故事

1816年7月，有一艘名为“梅杜萨号”的法国巡洋舰在毛里塔尼亚的布郎海峡沉没。船长和一群高级官员弃船后抢先改乘救生艇逃命，他们丢下了150名士兵、水手、乘客。那些被遗弃的乘客只好自找生路，他们临时搭了简陋的木筏去寻找大陆。几天之后，饥饿的乘客们开始自相残杀。半个月后，这只小筏子上只剩十五名奄奄一息的乘客被救。

二、整体浏览

1. 说说看画时的心情？（恐惧？愤怒？）

2. 画面可以分为哪几个部分？

远处：海天相接，泛起灿烂的阳光，大海无边无际。

近处：一叶孤筏，一群衣不遮体的遇难者，有的向前呼喊，有的已经死去，有的奄奄一息，有的陷入沉思……

三、选点观察

须发皆白的老者：
- 一手搂着赤身裸体的青年人，一手撑着自己的脑袋
- 右边的人：仰面躺着
- 左边的人：俯身趴着
- 后边的人：扎着绷带，神情木讷

四、活化画面

1. 通过欣赏这幅画，你听见了什么声音？（呼救、哭泣、谩骂、风声、海浪声）

2. 猜想一下接下来会发生什么事情？

教师作文

一叶生死孤筏

1816 年 7 月，某日。一望无际的茫茫大海上，一团又一团的乌云从天边涌来。

一只临时拼接的木筏漂在汹涌澎湃的大海上，海风鼓动着破旧的船帆缓缓前进。木筏上衣衫褴褛、蓬头垢面的幸存者早已筋疲力尽，他们横七竖八地或躺，或卧，或趴，或坐着。

那位胳膊粗壮的中年人疲惫不堪，直挺挺地躺在木筏上，瞪着双眼望向天空，不堪回首的那一幕又浮现在眼前。几天前，他们乘坐的“梅杜萨号”巡洋舰不幸触礁，船长和一批高级官员抢走救生艇逃命，丢下了 150 多名士兵、水手、乘客。为了逃生，可怜的人们搭了这只简陋的木筏子。饥饿、疾病、恶劣的海上气候夺去了 100 多位患难与共的兄弟的生命。何时才能见到大陆，何时才能碰上救生船？两行热泪从他脸颊滑落……一位须发皆白的老者一手搂着一个赤身裸体的青年人，一手撑着自己的脑袋，瞪着一双愤怒的眼睛。躺在老人膝盖上的青年人仰面朝天，好像已经没有了生命的迹象。在老人的背后，一个头上扎着绷带的人神情木讷地坐着，呆呆地望着汹涌而来的波浪。你瞧，那只张着血盆大口的鲨鱼尾随木筏已经好久了，显然是在等待木筏上又要丢下的尸体……在木筏的前沿部位，坐着几个青年人，他们瞪着一双大眼睛极力向远处寻找海岸线和过往的船只，虽然一次次失望，但求生的希望从来没有放弃……

“啊，船，船！”处在木筏前沿的一个青年人突然惊喜地尖叫起来。人们不约而同转过身来，年轻力壮的站了起来，身体虚弱的也欠起上身，大家伸着长长的脖子，顺着青年人的叫声望去，人们在海天交接的地方隐隐约约看见一条船。大家都用自己最大的嗓门喊起来：“救救我们，救救我们啊——”老人怀里气若游丝的青年人也无力地睁开双眼。“我们有救啦！”一个中年人手指着远处，扭头对大家说，“那一定是来救我们的。”青年人迫不及待地脱下红色的背心向远处的船只挥动，声嘶力竭地喊起来：“救救我们，救救我们啊——”

可是，呼啸的海风从正面吹来，把木筏向后推去。“哗啦啦……”一个又一个像小山似的海浪残酷无情地向木筏扑来。人们的呼救声被淹没在风声、涛声中……

……

直到这次海难发生半个月后，这只小筏子才被救起，筏上只剩15名乘客奄奄一息。

“梅杜萨号”事件震动了一名年轻的画家，他就是法国浪漫主义画家籍里柯。籍里柯找到了那些生还的乘客了解情况，并且制成了一个类似的筏子到海上体验逃生的经历，最后创作了名画《梅杜萨之筏》。

世界末日

——品析普桑的《四季——冬》兼精彩作文

画家与画

尼古拉斯·普桑（1594—1665年），17世纪法国古典主义绘画的奠基人，也是第一个享有国际声誉的法国画家。普桑小时候就喜欢绘画，可是当时画家的地位很低，望子成龙的父亲希望自己的独生子学习有远大前途的法律。普桑为了自己心爱的美术，背着父母跟一个旅行画家到了巴黎，专心学习绘画。普桑的作品大多取材于神话、历史和宗教故事。

17世纪60年代，普桑为病魔所缠，双手颤抖，双目几近失明，但他仍顽强地工作着。《四季》是一组风景组画，分为《春》《夏》《秋》《冬》四幅，可以说是他的辞世杰作。普桑以富含哲理的形象，表达了他对自然、生命和人类的无限深沉的情感。《冬》又名《洪水》，全画描绘了一个悲惨的世界末日的景象：昏暗的大地，雷电交加，洪水正在迅猛地淹没世界。一条小船的船头已被掀起，船上的人疯狂叫喊。几个濒临灭顶之灾的落水人正扶着木板，向仅有的一条小船游来。船上一个妇女正把穿红衣的小孩递上去。左侧山石上有一条毒蛇从洞中爬出，似乎也想寻求安稳之所，以逃避这场灾祸。

微教案

一、整体浏览

1. 画中描绘的是什么事？（仿佛是世界末日的景象）

2. 观画时你的心情如何？

二、分解观察

画可以分为几个部分？

背景：狂风骤雨，电闪雷鸣。

中景：倾覆的小船。

前景：悬崖边的船只，落水的人们。

三、选点观察

整幅画你最挥之不去的镜头是哪一个？如悬崖边的小船。

悬崖边的小船
- 悬崖：摇摇欲坠
- 船上：母亲奋不顾身地举起孩子，有的人已奄奄一息
- 船舷：落水者紧紧抓着船舷
- 河里：落水者努力求生

四、身临其境

1. 假如你置身画中，你会听见什么？看见什么？

2. 你的心情会怎样？会有什么表现？

教师作文

世界末日

真的是世界末日来临了吗？刹那间，天昏地暗，闪电像一条条令人恐怖的银蛇，又像一条条张牙舞爪的金龙，从黑沉沉的天幕游过，惊鸿一现间又惊慌失措地消失了。雷声震耳欲聋。难道人类做了什么坏事，得罪了天庭，天庭非要把人类毁灭不可？风疯狂地肆虐着，呼啸着，尖叫着，势不可当！黑暗中的树影像黑色的魔鬼张牙舞爪，又仿佛是一队队天兵天将从天外杀来！

豆大的雨倾盆而下，瞬间汇成滔滔的洪流，从四面八方汹涌而来。大树被连根拔起，山体滑坡，道路毁坏，房屋倒塌……洪水咆哮着，翻滚着，到处是一片汪洋！

老天将黑幕撩开一个小小的缝隙，露出月儿朦胧的影子，照见了一个山间的峡谷。奔腾的洪水像一群狂奔的野马，撞击着悬崖发出一阵阵的

轰鸣。

一条小船被洪水冲下了深渊，船头九十度翘起。

“救命呀——”呼喊声还没落地，全船倾覆！一个蓬头垢面的中年人被掀到了半空中，他双手合十，仰望苍天，虔诚地祷告着。受难的人有的已经奄奄一息了，无力挣扎，不知这罪恶的洪水会把他们冲向何方；有的趴在木板上拼命地划着；有的望着被洪水冲走的人，惊恐万状地叫喊着……明知道这是难以逃脱的劫难，但求生欲望使他们发出了歇斯底里的求救声。谁能救他们呢？哪路神仙敢违背天意呢？叫喊声很快被洪水吞没了。

深渊里停着一条小船，那是汪洋中的诺亚方舟吗？一双大手紧紧地拽着船舷，小船剧烈地晃动着。大手青筋暴露，手的主人使出了浑身的力气，却无法爬上去。一个年轻的母亲紧紧地搂着孩子，那孩子穿着红衣，看样子还不到三岁，早已吓得魂飞魄散，拼命地抱着母亲，不敢睁眼看这恐怖的世界。在水中挣扎的人看到小船好像看到了生的希望，争先恐后地向小船游来。天哪，小船漏水啦！浑浊的洪水不断从船底往上涌，船渐渐往下沉。年轻的母亲不知哪来的力气，噌地站起，将孩子高举过头，摇摇欲坠的悬崖上，一只大手正向红衣孩子伸来……

抢 婚

——品析普桑的《抢劫萨宾妇女》兼精彩作文

画家与画

尼古拉斯·普桑（1594—1665 年），17 世纪法国古典主义绘画的奠基人。他崇尚文艺复兴大师拉斐尔、提香，醉心于希腊、罗马文化遗产的研究。普桑的作品大多取材于神话、历史和宗教故事。虽然画幅不大，但画家总是精雕细琢，力求严格的素描和完美的构图。

《抢劫萨宾妇女》是通过对历史与神话形象的描绘，来表现画家所向往的古典主义艺术原则的。全画气势宏伟，色彩严谨，人物处理得当，构图较为平衡，动势凝练，充满着激情。画的左边，一个罗马人正把一个萨宾女人抱在怀里。女人四肢乱动，疯狂挣扎，试图从他那强有力的臂膀中挣脱出来。为了加强这组人物，画家在他们的右侧又添了一个穿红衣的传令官。他很冷静地站着，观看这一场野蛮的劫掠。右边，一个老人抱住狂暴的罗马士兵，企图阻止他去杀害被抛掷在地上的婴儿。婴儿的母亲被推搡在地，但她仍竭尽全力地用双臂挡住那个赤裸着上身的凶残的屠杀者。中景留有一块空隙，屠杀与抵抗的搏斗在向四周展开。

微教案

一、背景故事

古罗马建城的时候很荒凉，人口很少，男女比例严重失调。传说罗马帝国的缔造者原为一个部落的领袖，叫罗马诺。他早就觊觎萨宾妇女的美丽，一心想劫夺她们为罗马士兵之妻。因此，罗马人想了一个方法，以庆祝节日为借口，邀请附近部落的男人们前来同欢。萨宾人果然如约而来，罗马士兵便乘机悄悄打进萨宾城，劫夺了许多美丽的萨宾妇女做他们的妻子。

二、浏览画面

1. 画面画的是什么时间？（有可能是清晨，太阳挂在树梢；也有可能是傍晚，太阳悄悄落下，夕阳撒向大地）

2. 从画面中你看到了什么？（罗马士兵抢夺萨宾妇女，妇女们反抗着，画面充满了令人恐怖的气氛）

3. 想象一下：罗马士兵到来之前，萨宾城是一番怎样的景象？（安宁、祥和，妇女们愉快地交谈，孩子们快乐地嬉戏）

三、选点观察

如画面右下角的一组人物。

1. 罗马士兵：身材魁梧，赤裸上身，肌肉结实，壮得像头牛，握剑……

2. 年轻母亲：死死拦住罗马士兵，恐惧，双眼望着地上的婴儿。

3. 白发老人：跪地，拦腰抱着罗马士兵，仰头哀求。

4. 地上婴儿：惊恐万分。

四、身临其境

1. 假如你置身现场，请描述一下现场的气氛。

2. 你听见了什么？

教师作文

抢　婚

阳光暖暖地照着，鸟儿在枝头欢快地叫着。

勤劳的萨宾男人们或背着猎枪，或扛着农具，或赶着牲口，三三两两地走出城门。他们又开始了一天的劳作，把美丽的家园留给自己美丽的妻女。女人们三五成群地围坐在一起，边做针线活儿，边聊着天。年轻母亲摇着摇篮，逗得婴儿咯咯地笑。孩子们满地爬，满地跑……

“罗马人来啦！”不知谁声嘶力竭地叫嚷起来。天哪，一群罗马士兵像潮水般冲进了城门，像疯狂的猛兽一样扑向柔弱的妇女。

刹那间，乌云翻滚，连太阳都不忍看这野蛮的一幕。

一个身披红色大氅，满脸络腮胡子的中年人纵身跃上高高的神殿台，他手握象征权力的神杖，一定是这场野蛮抢夺妇女事件的指挥官。他大声地嚷着：“别动，我们是请你们做老婆的，不会伤害你们的。如果敢反抗，我们就会杀了你们！士兵们，赶快抢，谁抢到的就是谁的！”

于是，一场人性与兽性的大搏斗展开了。

“苍天啊，野蛮的畜生！”

“妈妈——”

“孩子！”

……

喊声、叫声、哭声、骂声，响成一片，萨宾城乱成了一锅粥！

“啊！”一位身穿蓝衣的年轻母亲尖叫起来。还没等她反应过来，一个身强力壮的士兵便像老鹰捉小鸡似的把她高高地抱了起来。她疯狂地挣扎，试图从士兵强有力的臂膀中挣脱出来。孩子被丢落在地上，扯着嗓子哭着，声声啼哭剜着母亲的心。“求求你们放了她吧！孙子还在哺乳中啊！”衣衫褴褛的老人祈求着，泪水根本无法打动这群虎狼的铁石心肠。士兵抱着蓝衣女人，一脸坏笑，疯狂地向城外跑去。

一个身材魁梧的罗马士兵光着上身向一个正在喂奶的女人扑来。妇女吓得面如土色，她紧紧地抱着孩子。狂暴的士兵一把从她的怀里夺过婴儿，扔到地上！说时迟，那时快，一个白发老人奋不顾身地向士兵扑来，死死地抱住士兵，士兵挥剑准备刺向他。“别——”年轻母亲哭喊着，双手抱住屠杀者的双腿……

这是一场弱者与强者的搏斗，是绵羊与豺狼的较量。很快，罗马士兵如愿以偿地抢到了属于自己的女人。他们得意地笑着，或背着，或抱着，或骑着马扬长而去……

留给萨宾城的是妻离子散的无尽痛苦和难以言说的耻辱，还有永远无法平复的仇恨。

第三篇

沉醉，画中风景

风景画家凭借严格的焦点透视和纯熟的绘画技巧，使我们仿佛置身于美丽的风景之中。

鱼儿的家园

——品析杜比尼的《池塘》兼精彩作文

画家与画

查里·法兰斯瓦·杜比尼（1817—1878年），巴比松画派代表人物，出生于法国一个艺术世家，从小跟随父亲学画。杜比尼从小就喜欢风景画，尤其喜欢画河流、湖泊和水塘。他经常坐在江河湖畔、水库边，面对着天地间的波光帆影、碧水涟漪，观察着、描绘着。

这种“户外写生”的生活虽然很有诗意，可杜比尼时常会遇到一些意想不到的麻烦。有一回，杜比尼对着一只小木船画得正起劲，忽然雷声轰响，下起了倾盆大雨。刹那间，杜比尼就被淋成了“落汤鸡”，那幅快要完成的画稿也被淋得一塌糊涂。杜比尼节衣缩食，攒钱买下一只木船，在船上造了个小房间作为画室。不管刮风下雨，“水上画室”总是在河流、湖泊、水塘里游弋着。他随意地观察着、描绘着一幅幅生动的景观。

《池塘》是杜比尼的代表作，整个画面描绘的是宁静的乡野景色，平凡但迷人。池塘波光粼粼，明澈如镜，天空和树影倒映摇曳，水草参差，两只白鹭悠闲地在觅食，一条乡间小道卧在池塘边青草幽幽的丘陵之上，另一侧则是郁郁丛林。多么宁静、优美的池塘啊！

微教案

一、复习诗句

1. 古诗。

小池

宋·杨万里

泉眼无声惜细流，树阴照水爱晴柔。
小荷才露尖尖角，早有蜻蜓立上头。

2. 现代诗。

池塘里的诗

我的诗，写在摇曳的花瓣上，穿着粉色的红装，扑入莲叶的胸膛。
我的诗，写在滚动的露珠上，莲叶轻轻舞呀，池塘里添了新诗一行。
我的诗，写在透明的塘面上，荷花、莲叶、露珠、游鱼，是精美的篇章。
下雨了！我的诗在满塘里跳荡。

二、名画欣赏

1. 用心看画，说说看到这幅画时的心情以及产生这种心情的原因。(阳光明媚，山清水秀，令人心旷神怡)

2. 浏览画面，画家依序画了哪些景物？

蓝天，阳光，白云。

远山，绿树，蜿蜒的山路。

池塘，水禽，摇曳的水草。

三、景色体验

1. 如果你是这池塘里的一条鱼儿，会怎样介绍自己的生活？

(《荷塘月色》歌词：“我像只鱼儿在你的荷塘，只为和你守候那皎白月光，游过了四季荷花依然香……”碧水清清，映着天空；在水里快乐生活；鱼戏水草间，与水鸟们捉迷藏……)

2. 如果你是一只鸟儿，又会怎样介绍这美丽的池塘？

四、走进画里

1. 假如你走进画里，你会有何感受？（眼前美景赏心悦目，空气是那样清新，阳光轻轻地洒在水面上，泛着迷离的金光……）

2. 假如真的来到如画的美景中，你喜欢做什么活动？（静静地陶醉其中，划一叶小舟，或者也像画家一样画一幅画）

教师作文

鱼儿的家园

在遥远的大山里，有一个不大不小的池塘。一泓碧水清澈见底，映着蓝天，也映着朵朵白云，四周环绕着绿树红花。不知什么时候，一群鱼儿也不知从什么地方来到了这儿，它们说这是大自然赐给它们的家。它们快乐地生活着，生儿育女，繁衍生息。

也不知什么时候，水草也把家安在池塘里，它们扭动着纤细的腰肢，舞姿是那样的曼妙。鱼儿们在水草间捉起了迷藏，追逐着，嬉闹着，传出一串又一串的笑声。在鱼儿的笑声中，荷花籽搭着春风的小飞机路过这儿，被眼前的景色迷住了，竟跳下飞机，一头扎进了池塘里。于是，池塘里托起了几个碧绿的圆盘，绽开了几朵粉色的荷花，弥漫着淡淡的清香。太美了，蜻蜓站在荷花上想自己的心事，小青蛙趴在荷叶上一边拍肚皮鼓，一边唱歌。鱼儿围在荷叶下，听小青蛙在伞上“呱呱呱”地唱着，情不自禁地摇起了尾巴。

池塘里的水草越来越丰茂，池塘边芦苇摇曳，水禽也不知从什么地方飞到了这儿，它们有的把家安在这儿，有的只是来做客。比如小白鹭呀，黄鹂呀，都把家安在这儿。这一湾碧波是鸟的天堂，它们有时站在池塘里的芦苇上，玩起跷跷板；有时站在高高的橡树上，唱起动听的歌儿；有时张开翅膀顽皮地从池塘上疾飞而过，叼起一条鲜活的鱼儿便享受美餐去了，池塘的水面上只留下漾着的一圈圈泛着金光的涟漪。而黑天鹅呀，丹顶鹤呀，它们是来这儿度蜜月的，带着春天来，带着鲜花来，带着爱情来；当雪花飞舞的时候，它们便带着成群的儿女，带着温馨的家飞走了。

一条小路从池塘边蜿蜒而过，路面印着深深的车辙直到密林深处，那里有更美的景色吗？

喜鹊伴着雪花飞

——品析莫奈的《喜鹊》兼精彩作文

画家与画

克劳德·莫奈（1840—1926 年），法国画家，印象派代表人物和创始人之一。他是法国最重要的画家之一，一生迷醉于光和影的描绘。他改变了阴影和轮廓线的画法，在他的作品中看不到非常明确的阴影，也看不到突显或平涂式的轮廓线。

画家迷恋雪景，从严寒中获得创作的灵感，创作了《喜鹊》这一作品。画面上是一个冬日宁静的早晨，大雪覆盖了大地、房屋，整个世界一片银装素裹。这幅画最吸引我们的是篱笆墙投下的一道道蓝影，这些参差不齐的影子在斑驳的雪地上形成了一排光阴走过的痕迹，如琴键般富有音乐的律动节奏。一只勤奋的喜鹊正站在栅栏门上，它是在欣赏雪景吗？

微教案

一、整体浏览

1. 观看画中的景色，它给你留下了什么样的印象？（宁静）

2. 在画中，你看到了什么？（近处，远处）

二、定点观察

假如你就是那只美丽的喜鹊，你的心情会是怎样的？用"喜鹊"的眼睛观察雪后的景色。

喜鹊——粉妆玉砌
- 大地
- 房舍
- 树木
- 篱笆

三、大胆想象

这是一只会说话的喜鹊，它的声声鸣叫有可能是在对谁说什么？

喜鹊声声鸣叫
- 对人们说
- 对树木说
- 对小河说
- 对鸟儿说

教师作文

喜鹊伴着雪花飞

冬日的清晨，大雪过后，太阳还没有升起来。

一只美丽的喜鹊飞到了一个群山环抱的村庄。它站在村前的木栅栏上，静静地欣赏着这雪后的景色。

好宁静的村庄啊！群山、田野、河流、木屋、树林都裹着一床厚厚的雪花被沉沉地睡着，也许还做着甜美的梦呢。一丝风也没有，经过雪花的过滤，虽寒意阵阵，空气却是那样的纯净。

“喳喳喳……”喜鹊站在栅栏上，欢快地叫着、唱着。它对着木屋唱：“下雪啦，下雪啦！瑞雪兆丰年，明年一定又是一个丰收年。孩子们快醒来，赶快来堆雪人、打雪仗，把笑声留在雪地里；大人们快起床啦，快来欣赏这雪后的美景，赶快来拍照……”喜鹊对着村前的那排白杨树唱：“下雪啦，下雪啦！赶快醒来吧，抖落身上的雪花，冬天来了，春天还会远吗？赶快穿上碧绿的衣裳，迎接春天的到来。”喜鹊对着小溪流唱：“下雪啦，下雪啦！赶快醒来吧，把身上的积雪融化，让小溪涨满春水，和我一起唱最动听的歌，让鱼儿游得更加欢畅。”喜鹊对着田野唱：“下雪啦，下雪啦！赶快醒来吧，把雪花融化，让雪水滋润麦苗，滋润油菜，滋润田野上的万物，捧出一个万紫千红的春天……”

“喳喳喳……”喜鹊唱弯了腰，可是没有人出来欣赏它的歌唱。群山、田野、河流、木屋、树木依然甜甜地睡着。喜鹊有点儿孤单。今天怎么啦？只有我在这粉妆玉砌般的世界里歌唱，小黄鹂哪去了？小八哥哪去了？小夜莺哪去了？为什么不来歌唱？那一身白衣，天使般美丽的小白鹭哪去了？那亭亭玉立的丹顶鹤哪去了？为什么不来跳舞？百鸟们都不来欣赏这么美妙的雪景，喜鹊为它们感到惋惜。喜鹊虽然有点儿淡淡的孤单，却为自己能看到这银装素裹的世界而感到幸运。它快乐地飞来飞去，一会儿停在屋顶上唱，一会儿落在树上唱……唱得太阳升起来了，金色的阳光洒在洁白的雪地上，到处泛起金色的光。

会唱歌的一湾清溪

——品析康斯太勃尔的《干草车》兼精彩作文

画家与画

约翰·康斯太勃尔（1776—1837 年），英国著名的风景画家。他出生于一个优美的小山村，从小便对家乡的田园风景有深深的眷恋，直至成人。他自己也表示："我对这村里牧场的一根根栅栏、一束束稻梗，还有村里的各条小径，都有着深深的眷恋。"长大后，康斯太勃尔在皇家美术学院学画，他觉得临摹古典风景画不如向大自然学习，便毅然回到自己深爱着的乡村。回到家乡后，康斯太勃尔潜心研究大自然美丽的景色，画了许多自然景色的素描、油画。

《干草车》是康斯太勃尔最著名的代表作。画面描绘了一辆运干草的马车，马车正涉溪而过，往林木深处的田野走去。一所乡下农舍坐落在溪畔，掩映在几棵大树之下。小路上一条小狗正向小溪张望。远方，黄绿色的田野延伸到茂密的树林深处，高远的天幕上布满富有动感的变幻无常的云，把整个画面衬托得十分灵动。这幅作品于 1824 年在法国巴黎展出，以其诗一般的情调和真实的描绘引起轰动，康斯太勃尔也因此画而名扬巴黎。著名诗人和画家布莱克由衷赞叹："这可不是对自然的写生，这是灵感！"

微教案

一、读诗

干草车

白云就那么爱做梦

在天空演绎不同角色

田野树木依然执着
守候爱的苍翠
洗衣声声伴随狗的狂吠
温暖着农舍恬淡
干草车涉过溪水潺潺
叮咚旋律
载动欢笑与希望奔向远方

（选自“静玥的博客”）

二、浏览画面

画面可以分为几个部分？

古树及树下的小屋。

清溪，溪畔的小狗，溪里的干草车。

天空、田野、树林。

三、选点观察

你最喜欢哪一处景物？

例如，清溪。

1. 小溪有什么特点？
2. 干草车从小溪驶过时，小溪发生了什么变化？
3. 干草车上有哪些人？他们有什么表现？

四、身临其境

1. 假如走进画里，你会有什么感觉？会听到什么声音？
2. 假如你住在画里，你最喜欢做什么？

教师作文

会唱歌的一湾清溪

辽阔的田野，清澈的小溪，还有一条印着深深车辙的小路，那就是我的家乡。

小溪旁矗立着几株高大的古木，茂密枝叶掩映下的那一幢缠着绿色爬山虎的白墙红顶小房子，就是我的家。没人知道那树是谁种的，爷爷说他童年的时候，那树就已经那么粗壮，那么苍翠了。多么美丽的古树哇！春天，开着花儿，像一把撑开的花伞；夏天，枝繁叶茂，像一把绿绒巨伞；秋天，树叶黄了，落了，风来了，落叶缤纷飞舞，太美了。我喜欢趴在窗前，看树叶，数鸟儿，听那清脆的鸟鸣。即使是冬天，我也喜欢看着光秃秃的树枝和空荡荡的鸟巢，耐心地等待明年春天叶儿再绿，鸟儿再来。

我喜欢家门前的那条小溪。溪水清凌凌的，可以看见水里的沙石，看见快乐悠游的小鱼。溪水不深，刚没过膝盖。夏天，我经常和几个小朋友挽着裤管去嬉水，小溪里不知洒下了我们多少快乐的笑声。当然，我们有时也会玩得一身是水，甚至跌到小溪里，浑身湿淋淋地回家，挨大人骂，但第二天便忘记了，还是会去玩水的。那小溪一定有什么魔力吸引着我们。要是偷偷地解下村民系在岸边的独木舟，自在地在小溪里漂流，那就更有趣了。

我喜欢趴在窗前看小溪。阳光暖暖地照在明镜般的溪水里，溪水泛起金色的波光。偶尔一只、两只白鹭从水面掠过，叼起一条鱼儿又疾飞而去。小溪很浅，没有架桥，村民到对岸田野耕种也是涉溪而过，就连马车也是。这不，蜿蜒的小路上两匹黑马拉着一辆老旧的四轮干草车向小溪走来，两个人坐在车上正挥着马鞭吆喝着。马小心翼翼地走下小溪，粗糙的车轮碾过平静的河水，溅起层层雪白的水花，荡起一圈圈的涟漪。“汪汪——”河边一只小花狗，冲着溪里的马车好奇地吠着。天空中白色的云朵像天鹅绒似地飘浮着，清澈的河水中映出美丽的天空、古树和房舍，乡村更显得宁静了。

对岸的田野碧绿碧绿的，一直延伸到茂密的树林深处。三三两两的农民在田间辛勤地忙碌着，偶尔会飘来几声嘹亮的山歌。农民的歌声粗犷而豪迈，表达着劳动的快乐，也表达着他们对美好生活的憧憬。

多么美丽的田园风光！常常地，我趴在爬满爬山虎的绿窗前看风景。

莫错过今夜月色

——品析雷诺阿的《红磨坊的舞会》兼精彩作文

画家与画

雷诺阿一生饱受贫困与疾病的折磨，但他的画作内容无论是城市生活，还是乡村景色；无论是稚嫩童孩，还是青春少女，都表现着对生活的美好感受。

《红磨坊的舞会》又名《煎饼磨坊的舞会》，描绘的是巴黎一个露天舞场——红磨坊热闹欢快的景象，是画家实地写生完成的。画中描绘的人物多是画家的亲朋故旧，画作淋漓尽致地描绘了红磨坊的热闹非凡，给人以愉快欢乐的强烈印象。

《红磨坊的舞会》被誉为印象派画作的典范，表现了巴黎生活欢愉轻快的一面，令人仿佛置身于巴黎浮华盛世的舞会一般。

微教案

一、整体浏览

1. 看着眼前的画面你的心情如何？为什么？（欢乐？愉快？郁闷？……）
2. 画面给你怎样的感受？为什么？（欢乐？拥挤？热闹？……）
3. 画的是什么地方？什么时间？

二、画面分解

整个画面可以分为几个部分？

远景：人头攒动。

中景：舞姿翩翩。

近景：品酒言欢。

三、选点欣赏

令你印象最深的是哪组人物？如中景里的舞女与男舞伴。

观察：舞女一袭淡粉色长裙，金发碧眼，妩媚的笑容，迷人的眼神，曼妙的舞姿……

想象：像花丛中飞舞的彩蝶，像月下的金孔雀……

观众：掌声，献花，羡慕……

四、身临其境

1.《红磨坊的舞会》被誉为印象派画作的典范，表现了巴黎生活欢愉轻快的一面。你有这样的感觉吗？为什么？

2. 有人评价："观赏《红磨坊的舞会》令人仿佛置身于巴黎浮华盛世的舞会一般。"假如你置身其中，会听见什么？

教师作文

莫错过今夜月色

周末的午后，红磨坊的露天舞场又响起了欢乐的音乐。穿红披绿的人们或三五成群，或独自一人，或成双成对从不同的街道、不同的居民小区向这里走来。渐渐地，露天舞场热闹起来。

绿树成荫的露天舞场，没有华美的舞池，没有霓虹闪烁。灿烂的阳光透过茂密的枝叶漏下的光影落在舞者身上，闪耀着，流转着，像梦一样朦胧。姑娘们穿着各色的衣裙，梳着时尚的发型；小伙们西装革履，戴着时尚的草帽，一个个风流倜傥。儒雅的绅士与俏丽的姑娘牵手相舞，旋转着，跳动着，他们笑脸相迎，偶尔也暗抛媚眼，陶醉在美妙的舞曲里。舞池里人影绰绰，流光溢彩，衣袂飘飘，看得人眼花缭乱，使人们怀疑来到了五彩缤纷的蝴蝶谷，仿佛看到了一对对彩蝶在绿树丛中，在花丛中尽情地飞舞。看看，这一对舞得精彩纷呈，那一对跳得花样百出。那个戴着黑色绅士帽的高个青年，牵着一个金发碧眼、一袭淡粉色连衣裙的女舞伴，好一对金童玉女，一定是整个舞池最靓丽的舞星了吧？他们宛若在春天的百花园里穿过花丛的彩蝶，宛如月光下依依绿竹里望月的孔雀，宛如碧波盈盈的湖面上展翅欲飞的天鹅……

红磨坊是喧嚣都市里人们放松心情的地方，在这里，不管是熟悉的人还是陌生的人，也不管是贵族还是平民百姓，都可以邀约起舞。舞累了可以坐到舞池外面的酒吧里休息，服务生会热情地递上一杯葡萄酒，或者一杯咖啡，或者一杯绿茶。你可以与舞伴对饮交心，也可以独自慢慢品味，没人会干扰你。

舞池外一个穿着条纹长裙的金发姑娘坐在长凳上，正津津有味地听对面男青年的高谈阔论，她的同伴一只手搭在她的肩上也静静地听着，脸上挂着浅浅的微笑，一束阳光透过树梢洒在她们的脸上，使她们显得格外美丽。他们好像是早已熟悉的老朋友，谈得很开心，不时传来一阵银铃般的笑声。旁边两位小伙子被这两位姑娘的美貌吸引，毫无顾忌地盯着她们美丽的脸庞，嘴角抑制不住爱慕的微笑。

夜色静静降临，华灯初上。

红磨坊舞会掀起又一个高潮，五颜六色的光线忽隐忽现地在人们身上摇曳着、流动着。今朝有酒今朝醉，莫使金樽空对月！今夜有舞须尽情，今夜有情须珍惜。人们尽情地舞着，歌着，饮着，笑着，忘记了今夕何夕，忘记了自己，忘记了昨日的烦恼。当然也有人醉了，但醒了再舞，再歌。人们仿佛觉得：生活这么美好，为什么不恣意地享受生活呢？明天的事明天再办吧，莫错过今晚的月色，莫错过今晚的春风啊！

世上最美的地方

——品析柯罗的《蒙特枫丹的回忆》兼精彩作文

画家与画

让·巴蒂斯特·卡米耶·柯罗（1796—1875年），法国画家。柯罗的母亲是一位商人，父亲掌管财务。柯罗幼年时就喜欢绘画，经常在父亲记账簿的空白处涂鸦。

柯罗26岁才正式从事绘画工作，他热爱大自然，时刻用心领略大自然的奥秘，在大自然的启示下不倦地全力投入创作。他贴近自然而不抄袭自然，他爱画那朦朦胧胧的暮色与清晨、那颤动的森林、那平静的湖水、那银灰色的天空……在风景画的发展史上，他是不朽的丰碑，堪称法国19世纪中期描绘风景的大师。

《蒙特枫丹的回忆》是柯罗晚期最成熟、最具代表性的风景画杰作之一。画中，湖畔森林，晨雾初散，天地一片清新，一棵大树的枝叶向四周伸展着；前面一棵小树婀娜多姿，给画面平添了无限诗意，妇女的红裙与头巾是全画的最强音。整个画面显得细声细雨，和谐一致，同时又充满忧伤的情绪。这是一幅似梦似幻的抒情风景画。

微教案

一、美文欣赏

蒙特枫丹的回忆

孙大梅

记忆是一种情感，往事如岸边醒来的清晨。

蒙特枫丹，你的美犹如花园。当晨曦的水雾朦胧了视野，心灵的跋涉是否依然？

那如茵草地上散落的阳光，那阳光中静静绽放的花事，是情感暗夜里燃烧的心曲，是一生一世永远的牵挂。如镜的湖面，苍翠的森林，暖色的红裙，任谁置身于这如梦如画的意境中，幸福地感受着生活的诗韵，怎可能淡忘逝去光阴中走过的人生？

摘一朵树干上的香蕈，采一束无人看管的野花，此时的情感也许只能这样表达。

蒙特枫丹，你忠实地守着自我，让回忆的浪花流过话外音的时空。你可知有多少深情的目光，正默默被你吸引？

二、整体品赏

1. 这是一幅唯美的风景画，你从哪些地方发现了它的美？（色彩、构图、景物、人物）

2. 画面可以分为哪几个部分？

远景：朦胧的山色。

中景：碧水。

近景：大树、草地、人物。

三、选点观察

令你印象最深的是哪一个部分？如画上的人物。

1. 他们分别是谁？各自在做什么？（身着红裙的女子正仰首采摘树上的蘑菇；女孩低头采撷地上的野花；男孩手指树上的果子）

2. 想象一下他们说了些什么。

3. 想象一下接下来他们会有怎样的表现，会有怎样的表情。

四、身临其境

1. 假如我们走进画里，会看见什么？听见什么？呼吸到怎样的空气？

2. 假如我们走进画里，你会做些什么？

教师作文

世上最美的地方

一个明净的无名湖，几株葱郁的老树，再加上春天遍地的野花，构成了朴素而宁静的乡村美景。那是我心中永久的画，那是我梦绕情牵的家乡。

清晨，湖还没有醒来，湖水清澈见底，鱼儿们当然也没有醒来，还见不到它们快乐的身影。就连水草也直挺挺地站着——水草们是站着睡觉的。湖面一层薄薄的水雾氤氲，朦朦胧胧。“关关雎鸠，在河之洲，窈窕淑女，君子好逑”，我希望水雾弥漫的对岸能见到我的伊人，但我四处寻找，水雾里总是那么虚幻。

湖边静静地站着两株老树，一株长得粗壮，一株长得纤细。

先看粗壮的那株吧，茂密的叶子一簇堆在另一簇上，枝叶缠绕，遮住了天空，挡住了人们仰望天空的视线。在树下，虽说看不见云舒云卷，但我发现了在树梢栖息的鸟儿。它们已经醒来了，坚定地站在树上守着自己的巢，偶尔发出几声清脆的鸣叫。它们好像在唱一首动听的歌谣献给这宁静的清晨，又好像在呼唤自己的宝贝快快醒来。在树下，我们还能欣赏到晨风吹来时每一片绿叶都在跳舞的情景，领略到青翠欲滴的叶子上摇摇欲坠的晶莹露珠，体验到清凉的露珠滴在手心的那份快感。

那株纤细的树不像它的同伴那样绿意葱茏，却有一种玉树临风的美吸引着我的目光。她更像一位婀娜多姿的美少女，是粗壮大树形影不离的伴侣。她的枝叶不多，但每一片都是鲜嫩鲜嫩的绿，显示着无限生机。一位穿着红裙的母亲领着一大一小两个孩子在树下玩耍。小儿子无意中抬头发现树上长了不少蘑菇，惊喜地叫起来：“妈妈，你看你看，树上的蘑菇!”妈妈闻言走近树旁，踮着脚，伸着手臂，为孩子摘起了蘑菇。小儿子仰着头，兴奋得拍手，好像馋得快流口水了。女儿则不管树上的蘑菇，弯着腰，采摘起地上的野花来。多么美丽的草地呀，绿茵茵的，招展着红的、白的、黄的、紫的花儿。花儿们都已经醒来了，它们格外精神，笑着在晨风中快乐地跳舞。

啊，这就是永远刻在我心中的风景画。

快乐的乡村舞会

——品析勃鲁盖尔的《农民的舞蹈》兼精彩作文

画家与画

《农民的舞蹈》约作于勃鲁盖尔创作的晚期，它和另一幅《农民的婚礼》是姐妹篇，都作于木板上。勃鲁盖尔生动地刻画了一些饱受压迫但仍不为苦难所压倒的尼德兰农民的豪迈、乐观的性格，以及那种粗犷开朗的精神生活。画中，农民的形象有点诙谐的味道，但创作者并不是讽刺他们，相反，勃鲁盖尔总是深怀着同情心理来再现周围农民的生活。

微教案

一、整体感知

1. 整幅画所描绘的是一种怎样的氛围？

2. 这是一群怎样的农民？(天真、纯朴、憨厚，性格豪迈，乐观)

二、整体观察

画面可以分为几个部分？

远景：天空，简陋的屋舍，一个农民请女主人出来跳舞……

中景：一群翩翩起舞的农民。

近景：画中央一对农民夫妇跳着舞走来，吹奏风笛的，饮酒的，猜拳的……

三、选点观察

画面中哪一个形象留给你的印象最深？如黑衣舞者。

黑衣舞者
- 年龄：两鬓斑白，脸上有深深的皱纹
- 穿着：黑衣，白裤，布鞋，牛仔帽
- 装扮：腰间佩着一把短剑，帽檐上别着一把汤匙
- 表情：乐呵呵
- 动作：滑稽

四、身临其境

1. 假如你置身现场，心情会是怎样的？
2. 你看见了什么？听见了什么？请你评价农民的舞会。

教师作文

快乐的乡村舞会

不在豪华的舞厅，也没有高雅的音乐，总在村口晒谷坪举办的舞会却时时浮现在我的眼前，尽管我走遍了天涯海角。

那是一年一度的收获节。夕阳刚刚落下山，金色的余晖洒满了大地，乡亲们提早收工，洗却了尘土、擦拭了汗水，便匆匆赶来参加舞会。沉寂了一天的晒谷坪渐渐地热闹起来。

大人的舞会就要开始啦！唢呐吹起来了，风笛吹响了，美妙的音乐飞扬在村庄的上空。大叔、大婶、大爷、大娘们手拉手，成双成对，满面春风地步入舞池。起初，他们的脸上还带着腼腆，含着羞涩，舞步也有点儿笨拙；渐渐地，他们融入了音乐，合上了节拍，全身心放松下来，尽情地跳着，享受着跳舞的快乐；到后来，他们越加自然，舞步更加奔放，动作更加浪漫，不知不觉沉醉了。

还记得，那天牛二叔拉着牛二婶快步跳进舞池，大家的目光都投向了他俩。二叔黑衣，白裤，布鞋，牛仔帽，腰间佩带一把短剑，帽檐上还别着一把汤匙，瞧这一身打扮就够萌的了。牛二叔虽然已两鬓斑白，但跳起舞来还是那么顽皮，时不时还扮个鬼脸，滑稽的样子好像要把大家所有的笑声都激发出来似的。二婶戴着白头巾，穿着黄褐色的连衣裙，随着音乐的节奏旋转着，起舞着，欢笑着。二叔牵着她，好像擎着一朵洁白花蕊、

黄褐色花瓣的花朵似的。

舞者醉了，乐师也醉了。那个胖胖的风笛手鼓着腮帮摇头晃脑地吹着，为自己的笛声能撩拨众人的春心、拂动多彩的裙裾、翻起曼妙的舞姿而得意。一位红衣青年手捧着酒坛，满面红光，显然是喝醉了。他目不转睛地盯着风笛手，很羡慕他吹风笛的水平，正等着吹笛人一曲吹完为他敬一杯美酒。

晒谷坪的周围摆着一张张木桌，上面摆着农家的美酒、各种煮熟的肉类、各种乡村小吃。一曲舞罢，人们兴奋地大碗喝酒，大块吃肉，大声猜拳，直喝得东倒西歪。酒酣耳热后，他们接着又跳，接着又喝……

不知不觉，红霞布满了天空。那红霞是酒染红的吗？是狂欢的笑声笑红的吗？抑或，高高的天上也有一群快乐的农民在跳舞？

古树·清泉·麦田

——品析康斯太勃尔的《麦田》兼精彩作文

画家与画

《麦田》又名《乡村小径》，康斯太勃尔非常喜欢这幅画。他少年时每天都走这条小路，总是穿过麦田去上学。画中情节很有生活情趣：小路上羊群正在慢悠悠前行，后面跟着一条牧羊犬。羊群只顾往前走，而小狗则停下来边望边等待趴在池边喝水的小主人。画面中，土坡上大树林立，杂草丛生，还夹着芳香的野花；不远处是一片金黄色的麦田，天空飘着朵朵白云，阳光洒满大地。整个画面充满乡村泥土气息。

微教案

一、整体浏览

1. 画中都有哪些景物？（小路、山坡、古树、田野）
2. 看到人物了吗？（儿童、割麦的农民）

二、观察古树

1. 为什么说是“古树”？（粗壮、茂盛、树皮斑驳、绿荫匝地）
2. 想象不同季节古树的特征。（长叶、开花、结果、落叶）

三、观察麦田

1. 画的是什么季节？（秋天，麦子成熟了）
2. 麦田里有人吗？他们在干什么？他们是什么表情？会说些什么话？

四、身临其境

1. 欣赏这幅画时，你是怎样的心情？
2. 假如你就是画里的牧童，请说说你的所见。

教师作文

古树·清泉·麦田

我的家乡在远离都市的一个小山村，连接外面世界的是一条蜿蜒的小路。小路没有铺沙石，完全是先辈们用双脚踩出来的。小路是家乡一道亮丽的风景，把路边一个个景点连缀了起来。

古树

参天的古树像一位饱经风霜的老人静静地站在村口，好像在静静地目送从山村走向外面世界闯天下的乡亲，又像在静静地等待衣锦还乡的乡亲。古树虽老，树皮斑驳，但仍傲然挺秀，郁郁葱葱，保持着旺盛的生命力。树荫下是人们歇息的好地方，夏天，村民总喜欢把耕牛拴在树下吃草，他们则一边天南地北地聊着，一边听树上没完没了的知了的叫声。每年春天，古树们相约开花，红的、白的、蓝的、紫的……花雨缤纷，不时便会送你一缕花香，送你一片花瓣。每年秋风吹过，古树们又相约结果，鲜红的或者嫩绿的果实挂满枝头，没有人私自去采摘。果实成熟后会毫不犹豫地落满山路，那是孩子们最快乐的时光。他们挎着一个小篮子，一边捡榛子、红豆，一边撒下一串银铃般的笑声。

清泉

路边，一个池塘掩映在参天的古树下，清波荡漾，那一定是古树流不断的乳汁吧。碧绿的小草、鲜艳的野花，把池塘围成了五彩的花环。花环里是透过密密层层的枝叶洒下的斑斑点点的光影。羊群沿着山路追逐着，嬉戏着，牧羊犬尽职地站在一旁，不知是在为羊儿放哨，还是在欣赏眼前的美景。牧童也许口渴了吧，趴在池塘边贪婪地喝着甘甜的泉水，顿觉神清气爽。羊儿和牧羊犬见主人喝得那么有滋有味，也跑过来，趴下身子喝起来。它们喝完了还舍不得走开，还要仔细欣赏一番自己倒映在池塘里的美丽倩影才行。

麦田

小路两边是一望无际的麦田。麦子成熟了，黄澄澄的，像铺了一地的金子。暖风吹过，金色的麦浪欢笑着，翻滚着，一层赶着一层，向远方涌去。农民脸上洋溢着丰收的喜悦，有的弯腰忙着收割，有的挑着一担沉甸甸的麦子沿着蜿蜒的小路回家。贪嘴的小麻雀叽叽喳喳地飞向麦田，明目张胆地与农民“抢”麦子，分享丰收的果实，那些“小气”的大嫂们会时不时挥手吆喝一声。“扑棱棱……”小麻雀飞快地逃走了，又飞回了高高的古树上。可是，才过一会儿，小麻雀又肆无忌惮地吵着、嚷着飞向了金黄的麦田……

清晨的泰晤士河

——品析卡纳列托的《伊顿学院小教堂》兼精彩作文

画家与画

卡纳列托（1697—1768年），意大利著名的风景画家。他擅长描绘意大利名胜，喜欢以明快的色调和光线，再现那些著名场所、建筑和自然景观。他的画作被誉为“有史料文献般的价值”。1746年，卡纳列托第一次离开水乡威尼斯到广袤的欧洲内陆去。在全然不同的城市景观中感到既新鲜又迷惑的他开始到处写生，勤奋创作。《伊顿学院小教堂》就是这个时期的代表作。

画面中，泰晤士河将画面切割为两大部分，伊顿学院的小教堂就矗立在河岸，沐浴着清晨的阳光。对岸地平线故意画得比较高，使迷人的原野显得更加辽阔，美丽的风光跃然画面。

微教案

一、整体浏览

1. 让我们带着美好的心情欣赏这幅画，画面可以分为几个部分？（此岸、河流、彼岸）

2. 推测画家写生时是站在哪个位置观察的。（此岸的小山头）

二、观察此岸

1. 看到了什么？（来郊游的一家人，打猎回来的猎户，码头的渡船）

2. 想象：他们快乐吗？

三、观察彼岸

1. 彼岸都有什么？（宽阔的马路，绿意盎然的原野，乳白色的尖顶建筑物）

2. 仔细观察并说说这些景物在清晨阳光照耀下的样子。

四、身临其境

1. 假如你走进画中，你有可能听到什么？

2. 把你的所见、所闻、所感连起来说一说。

教师作文

清晨的泰晤士河

在春暖花开的日子，我沿着意大利画家卡纳列托神奇的画笔来到两百多年前的伦敦，欣赏到了一处绝妙的风景。

晴朗的清晨，天边只飘着几丝云彩。我站在一个小山坡上看风景，一条清可见底的小河从我的眼前缓缓地流过，把眼前的景色分割成此岸风景与彼岸风景。

先欣赏此岸的风景吧。高大的乔木静静地站在这里，新生的绿叶被阳光镶上了一圈金边，好像一枚枚的金币，似乎风一吹，枝头的“金币”就会飘下来似的。一对年轻的夫妇背着大包小包带着孩子踏青来了。他们真会享受生活，绅士打扮的年轻爸爸从背包里取出锅碗瓢盆摆在地上，美丽的妈妈把花花绿绿的毯子铺在地上。两个孩子追逐着跟他们一起来的小猫，像追逐着阳光似的。他们蹦呀跳呀，河边不时传来孩子的笑声和小猫的叫声。

两个猎人沿着弯弯的小路向码头走去，码头上静静地停着一条小船。走在前头的是一个老猎人，他弯腰埋头，有点无精打采的样子，看来收获不大。走在后面的是一个中年猎人，步子迈得“扑嗒扑嗒”响，肩上用猎枪挑着沉甸甸的猎物，满面红光，悠闲地吹着口哨，连猎狗也得意地跑前跑后，欢蹦乱跳，看来收获真不小。

“撑一支长篙，向青草更青处漫溯……”是谁在朗诵徐志摩的诗作？

循声望去，一位艄公撑着一叶小舟逆流而来，一对男女倚在船边陶醉在如诗如画的风景里，暖暖的阳光洒在了他们幸福的笑容里。艄公轻轻地划着竹篙，水面漾起了金色的波光，水草在波光里扭动着柔软的腰肢，快乐地舞蹈着。偶尔会有一只、两只水禽从水面掠过，溅起一阵阵洁白的浪花……

这时，两个猎人赶到码头，乘上了渡船。艄公把竹篙往岸上一顶，渡船缓缓地向对岸划去……

对岸是辽阔的原野，一条宽阔的马路与河流并排着，像金黄色的绸缎飘然落在绿意盎然的原野上。路边、河边鲜花点点，绿树成荫，穿红披绿的游人漫步期间，成了这绝美风景的点缀。一幢幢古典欧洲风情的建筑参差错落地排列在绿树与红花间。一幢乳白色的尖顶建筑物沐浴在柔和的阳光里，是那样的秀丽端庄，引人注目。卡纳列托的画笔告诉我，那是伊顿学院的小教堂。伊顿学院？那不是为后世培养出无数社会精英的英国第一贵族学府吗？我不由得肃然起敬。如果不是行程太紧，我一定要去游览一番……

田间歌舞

——品析洛兰的《有舞者的风景》兼精彩作文

画家与画

克劳德·洛兰（1600—1682 年），法国著名画家。他出身农家，长期旅居意大利，擅长风景画。洛兰没有受过正规教育，他对绘画可以说是无师自通。这位画匠还是一位天才的抒情大师。他革新古典风景画，将自然景观与人文思想相结合，开创了以表现大自然的诗情画意为主的新风格。

《有舞者的风景》是洛兰的一幅著名的风景画作品。遥远的地平线很低，阳光从天际投射过来，湖面碧水盈盈，两岸古木参天，河水滋养着农田，芳草留香，休息的农民们在湖畔欢快地舞蹈嬉戏。这些点缀性的人物使画面深远辽阔，舞者的欢乐使宁静的大自然充满了生命的活力。这幅著名画作无疑也是一首非常美妙的田园抒情诗。

微教案

一、浏览画面

1. 画面可以分为几个部分？（晴朗的天空、隐约的远山、平静的湖面、繁茂的古树、载歌载舞的人群）

2. 看着画面，你的心情快乐吗？为什么？

二、观察“舞者”

1. 谁在跳舞？（蓝衣女子手持竹编农具，春风满面；穿橘红色上衣的男子头戴花冠，载歌载舞）

2. 想象：有人伴奏吗？（吹着麦哨、柳笛，敲打着农具……）

三、观察“观者”

1. 有哪些人？什么姿势？什么表情？

2. 定点观察。

光着膀子的汉子：用锄头顶着下巴；陶醉；脸上漾着笑

四、身临其境

1. 假如你也在现场观舞，你会听见人们说些什么？还会听见大自然的什么声音？

2. 你会参与跳舞吗？为什么？

教师作文

田间歌舞

湖面碧水盈盈，岸上古木参天，绿草如茵，野花点点，这是一个天然的舞台。蓝天，羽毛似的白云，蜿蜒起伏、披着初升丽日光芒的山峦隐约可见，这就是舞台的背景。

一对青年农民正沐着温暖的阳光载歌载舞：男青年身材健美，穿着橘红色的上衣，黑色的紧身裤子，敦厚却不失潇洒。他就地取材，从路边采几株野花编一个花冠戴在头上，就扭动着身子舞起来了。他的对面是一位美丽、端庄的女子。女子留着齐耳的短发，身穿蓝裙，手持竹编的农具，正和他相对起舞。

树荫下，一群农民一边休息一边观舞。他们或站着，或坐着，不管年老的还是年少的，都目不转睛地盯着舞者，陶醉在了他们美妙的舞姿里。年轻的小伙子吹着麦哨，吹着柳笛，或者干脆吹着口哨，为舞者伴奏。一个光着上身的汉子一手撑地半卧着，翘着沾满泥土的双腿随着音乐摆动，在音乐中恣意地放松着整个身心，忘记了劳作的疲倦。美妙的舞姿把那个包着红头巾的大姐撩拨得舞兴大发，她倾着身子跃跃欲试。那个光着膀子的中年人将锄头立在地上顶着下巴，忘情地欣赏着，整个身心都沉醉在难以言传的意境里。

那席地而坐的是从城里来踏青的人吧？他们衣着华丽，身旁的地上摆着可口的点心和饮料。不过他们谁也没有吃，都伸着脖子欣赏着眼前别具韵味的田间歌舞，连那只宠物狗也站立不动了，好像已陶醉在这美妙的艺术里……放牛的牧人也被吸引了过来，正忘情地看着，手中的牧鞭不由自主地挥动起来。那些贪吃的牛儿趁机四散开来，纷纷跑到旁边的小坡上，欢快地吃着嫩草……

多么美妙的湖畔之舞呀！灿烂的阳光透过古树茂密的枝叶缝隙漏下斑斑点点的光影，洒在舞台上，洒在音乐里，洒在舞者优雅的舞姿里，真可谓是天才的灯光师。风从树缝间吹过，树快乐地摇着。那五彩的叶子飘然落下，落在了舞台上，落在了舞者的身上，也落在了观舞者的心上。那是这片原野永久的居民献给这场歌舞的赞美吧！

月光里的花香

——品析克拉姆斯科依的《月夜》兼精彩作文

画家与画

伊凡·尼古拉耶维奇·克拉姆斯科依（1837—1887年），俄国19世纪中叶现实主义画派——巡回展览画派的组织者和领袖人物。克拉姆斯科依认为对艺术的基本要求是民族性和思想性，他主张“艺术不可能是别样的，它只能是民族的”。他是青年人的良师挚友，俄国著名画家列宾、苏里科夫等都是他发现的。在创作上，克拉姆斯科依是一位造诣颇深的优秀画家。他谙熟油画的表现技巧，善于总结色彩、光线等方面的经验。他的油画作品，无论是古典题材还是现实题材，都蕴含着无限的艺术魅力。

《月夜》是克拉姆斯科依的成名作，也是他本人艺术生涯的最高峰。《月夜》是一幅被人誉为“爱情诗”的油画，也是一首恬静美丽的人生诗篇，它继承了俄国艺术的民族性与文学性，叙述了一个美丽的故事。多么美好的月夜呀，参天的菩提树伸向夜幕，蔷薇花散发出迷人的幽香，草虫在低声吟唱，池边阵阵蛙鸣。如水的月色中，一位身着白色衣裙的少女独坐在池塘边的长椅上，正陷入沉思。路边芳草如茵，如镜的池塘里漂浮着洁白的睡莲，与墨绿色的菖蒲相映成趣。迷蒙的月光透过林木空隙洒在大地上，又散落在美丽姑娘的身上，月下的姑娘显得格外圣洁、漂亮。

微教案

一、诗歌欣赏

月　夜

（德国）艾兴多尔夫

好似苍穹
安详地低吻着大地，
又如大地在花卉丛中
与天空梦幻幽会。
微风轻拂原野，
掀起一片轻轻的麦浪，
树林低声悄语，
夜空星光明亮。
思想张开了
飞翔的翅膀，
越过寂静的田野，
犹如飞回自己的故乡。

讨论：从这首诗中，我们读到了什么？（月夜的美丽与宁静）

二、诗画对比

宁静的月夜：
- 月光柔和
- 菩提树静静向上伸展
- 花儿悄悄开放
- 池水映着月光
- 少女沉思着

三、观察少女

1. 月光中的少女美丽吗？

月下少女：
- 一袭洁白的衣裙
- 一头乌黑的秀发
- 一脸恬美的笑容

2. 想象：月光下，少女为什么静静地独坐？她在想什么？

四、身临其境

1. 假如你置身画中，你的心情会是怎样的？

2. 你会听到什么？闻到什么？想到什么？

教师作文

月光里的花香

夜，很静，很静，连月光洒下来的声音好像都听得清。

一个美丽的少女靠着一条长凳坐着。她穿着洁白的连衣裙，一头乌黑的秀发披泻而下。她肤色白净，低垂着双眉，双颊泛着红晕，沉思着。是回忆美好的往事？是憧憬明天的浪漫？

她是谁？是月亮女神吧？她乘着晚风，披着月色，从月宫悄悄飘落。

多么宁静的夜呀，一丝风也没有。月亮女神背后一棵棵高大挺拔的菩提树披着一身月色静静地站着，不知是睡着了，正做着美梦，还是同样在沉思些什么。调皮的月光在枝头嬉戏，偶尔踩落一片、两片的菩提叶子，在月亮女神的秀发上摇曳轻舞。那是一份礼物，还是写着诗句的情书？

月亮女神面前是一个池塘。池塘的水面平静得像一面镜子，月亮从天上溜下来，沉到了池塘深处，但月光却浮在了水面上。偶尔，微微的晚风拂过，水面便漾起一圈圈粼粼的银光。睡莲们还没睡着，碧绿的莲叶托在水面，盛着颗颗晶莹剔透的水珠。那一定是月光凝结成的吧？要不怎么会那样晶莹，那样圆润？仔细去看，那莲花开得与月色一样妩媚。莲香在月色中弥漫开来，把月光染香了，把微微的晚风也染香了。翡翠般的菖蒲亭亭玉立在池里，轻轻摇曳。一只萤火虫提着一盏小灯笼站在菖蒲的叶尖上，想照一照池里的小鱼是否睡着了，忽然一声低沉的蛙鸣把萤火虫吓了一跳。萤火虫提着小灯笼飞快地飞走了，只留下灯影在池塘里若隐若现。

月亮女神依然静静地坐在月光中，整个身心都陶醉在月色花香里，她身后的一丛玫瑰花在月光的抚摸下一朵一朵地开了，笑了。玫瑰花与睡莲的清香融在一起，花香与月光融在一起，多美呀！

池 塘

作者：（法国）查里·法兰斯瓦·杜比尼
时间：1853 年
类型：油彩画布
藏址：美国辛辛那提美术馆

喜鹊

作者：（法国）克劳德·莫奈

时间：1869 年

类型：布面油彩

藏址：法国巴黎奥赛博物馆

干草车

作者：（英国）约翰·康斯太勃尔

时间：1821 年

类型：布油画

藏址：英国伦敦国立画廊

红磨坊的舞会

作者：（法国）皮埃尔·奥古斯特·雷诺阿

时间：1883 年

类型：布油彩

藏址：法国巴黎奥赛博物馆

蒙特枫丹的回忆

作者：（法国）让·巴蒂斯特·卡米耶·柯罗
时间：1864 年
类型：布上油彩
藏址：法国巴黎卢浮宫博物馆

农民的舞蹈

作者：（尼德兰）彼得·勃鲁盖尔
时间：1568 年
类型：木版油彩
藏址：奥地利维也纳美术史博物馆

麦田

作者：（英国）约翰·康斯太勃尔

时间：1826 年

类型：油画

藏址：英国伦敦国家美术馆

伊顿学院小教堂

作者：（意大利）卡纳列托

时间：1754 年

类型：画布油彩

藏址：英国伦敦国家美术馆

有舞者的风景

作者：（法国）克劳德·洛兰

时间：1648 年

类型：布上油画

藏址：意大利罗马多里亚庞非勒美术馆

月夜

作者：（俄国）伊凡·尼古拉耶维奇·克拉姆斯科依

时间：1871 年

类型：布油彩

藏址：俄罗斯莫斯科特列恰科夫美术博物馆

雪中猎人

作者：（尼德兰）彼得·勃鲁盖尔
年代：1565 年
类型：版面油画
藏址：奥地利维也纳美术史博物馆

雨 后

作者：（俄国）伊萨克·伊里奇·列维坦

时间：1889 年

类型：布面油画

藏址：俄罗斯莫斯科特列恰科夫美术博物馆

冬季里的小山村

——品析勃鲁盖尔的《雪中猎人》兼精彩作文

画家与画

人与大自然的斗争和相处，永远是艺术家倾心的主题。《雪中猎人》也名《冬猎》，相传是为安特卫普一位收藏家绘制的。画以全景式的构图展开严冬冰封雪地的景象。朔风凛冽，狩猎者踏着深雪归来，猎狗跟随着主人；几只乌鸦在稀疏的树梢盘旋；两位年老的妇女蹒跚着从结了冰的河上走过；池塘厚厚的冰层成了孩子们尽情玩耍的游乐场；村头一户人家有人从屋后背出禾稻，有人正赶着脱粒，有人在箩中挑拣。整个画面被严寒冰雪封冻，却又处处生机盎然。

微教案

一、品读诗句

1. 千山鸟飞绝，万径人踪灭。（唐・柳宗元《江雪》）

2. 终南阴岭秀，积雪浮云端。（唐・祖咏《终南望余雪》）

3. 忽如一夜春风来，千树万树梨花开。（唐・岑参《白雪歌送武判官归京》）

4. 晨起开门雪满山，雪晴云淡日光寒。（清・郑燮《山中雪后》）

二、浏览画面

1. 画面表现的内容与“千山鸟飞绝，万径人踪灭”一样吗？（诗句表现的是静谧凄寂的意境，画面表现的是雪后人们生活还在继续，透出淡淡的“暖意”）

2. 从画面中，你看到哪些人的活动？

雪景中的人们
- 狩猎归来的猎人
- 滑冰的孩子们
- 从结冰河面上走过的老者
- 村头劳作的一家人

三、情境想象

如“滑冰的孩子们”
- 穿着：五颜六色，像开在冰河上的鲜花
- 表情：笑容满面，雪给人们送来快乐
- 动作：有的轻松自如，有的小心翼翼，有的……
- 发生的事：有的摔倒，有的帮助别人……

四、身临其境

1. 假如你置身画中，看到眼前的情景，你的心情怎样？
2. 请你按一定的顺序，说说画中的内容。

教师作文

冬季里的小山村

丰年好大雪！屋顶盖着厚厚的雪被，柳树上挂着晶莹剔透的银条儿，松树上结着毛茸茸的雪球儿，山岭、河流、田野上白雪皑皑，天地间银装素裹。留鸟们一点儿也不怕冷，在天空快活地盘旋，在稀疏的树枝上快乐地嬉戏，积雪的枝条不断摆动，雪屑纷纷扬扬往下落着。

冬季的小山村依然生机勃勃。池塘结了冰，成了孩子们天然的溜冰场。乡村里的少男少女们呼朋唤友来到池塘上溜冰，他们穿红披绿，在池塘上旋转出一圈圈彩色的弧线，像画下了一道美丽的彩虹。他们有穿溜冰鞋的，有不穿溜冰鞋的，有手牵手溜冰的，有独自溜冰的，你来我往，自得其乐。“咕噜噜……”“哈哈哈……”“嘻嘻嘻……”结冰的池塘就像一台老式的唱机，播放着一曲又一曲快乐的歌。小狗、小猫们也为主人的欢乐所感染，纷纷跳下“溜冰场”，追着主人跑。只有鱼儿们躲在厚厚的冰层下，不为所动地做着美梦。老人站在池塘边观战，乐呵呵地说：“看这群年轻人高兴的……”

村前的小河也结了冰，磨坊旁唱了一年老歌的水车终于可以休息了，它独自站在冰河上，陶醉在美丽的雪景里。小桥上覆盖着白雪，像铺着洁白的哈达。一个村民背着一大捆干树枝从“哈达”上急匆匆地往对岸红房子走去，或许是有贵客从远方来访，他想好好烹茶煮酒招待他们呢。阳光照在结冰的河面上，闪着耀眼的光，两个农妇挎着包袱，正从河面上走过，像走在金光闪闪的大道上。

村口的那一家人围在家门口正忙着：男主人围着布裙在给秋收的稻谷脱粒，女主人则坐在一旁挑选豆种，小孩子正站在一旁看得不亦乐乎。冬天来了，春天还会远吗？他们在为春播做准备呢。

夕阳渐渐地落下山头，村庄上空升起了袅袅炊烟。

“汪汪——”村子后山坡传来几声犬吠，几个猎人踩着没膝的积雪向村子走来，猎狗们左蹦右跳地簇拥着他们。众人红光满面，心情愉悦，虽然只有一位猎人肩背着他们当天唯一的猎物：一只瘦小的狐狸。雪天狩猎，本不在乎有没有收获猎物，图的就是一份快活。

雨 后

——品析列维坦的《雨后》兼精彩作文

画家与画

伊萨克·伊里奇·列维坦（1860—1900年），俄国著名的写生画家，现实主义风景画大师。列维坦是一个早逝的天才风景画家，他只活了40岁。在短暂的生命中，他创作了大量的、极富诗意的画作，将俄国的风景画创作推向了一个高峰。

《雨后》表现了暮色细雨中伏尔加河岸的小城的美丽。雨后的河面波光粼粼。天空飘来一缕缕灰色的雨云，像低垂的云幕，云天如海。河边岸上，静静地停泊着一艘艘大大小小的船只。多么美好啊！远处树木间掩映着错落的房屋，有的小屋已亮起了灯光。这一场突如其来的雨给草地染上了一抹纯净的色彩，使它更有生机，仿佛飘散出一阵阵沁人心脾的野花香。

微教案

一、品读诗句

雨 后

郭沫若

雨后的宇宙，
好像泪洗过的良心，
寂然幽静。

海上泛着银波，

天空还晕着烟云，
松原的青森！

平平的岸上，
渔舟一列地骈陈，
无人踪印！

有两三灯火，
在远远地岛上闪明——
初出的新星？

二、整体浏览

1. 用心欣赏画，说说看这幅画时的心情及产生这种心情的原因。（雨后空气清新，画面宁静，每一处景物都经过雨水的洗礼，变得更加秀丽、纯净，令人神清气爽）

2. 浏览画面，画家依序画了哪些景物？

天空，灰云，霞光。

河面，驳船，河岸。

掩映于林木间的房屋。

三、选点观察

请选择一处做细致观察，如河面。

1. 雨后的河面与雨前的河面有什么不同？（也许河面涨高了不少，但依然清澈）

2. 假如你在船上，推开船舱的窗户，会有什么感觉？（清新的空气扑面而来，江风轻抚）

3. 画中的河面有什么特点？（波光粼粼）

四、走进画里

1. 假如走进画里，你会有什么感受？（眼前美景赏心悦目，雨后的空气清新甜润，万物经过雨水的洗礼焕发新颜）

2. 假如真的来到这雨后的伏尔加河畔，你喜欢做什么？（静静地陶醉其中？划一叶小舟？或者像画家一样画一幅画？）

教师作文

雨后

夏日的雨来得快，去得也快。刚刚雨疏风骤，天地间垂下了白茫茫、灰蒙蒙的雨幕。山峦、河流、村庄、城镇，都躲到了雨幕后，销声匿迹，好像在与人们玩捉迷藏的游戏。可是仅过了一会儿，好像就有一只巨大的手将垂天雨幕轻轻拉开，啊，好个清新明净的世界啊！这场突如其来的雨把山洗得更青了，把树洗得更绿了，把空气洗得更清新了，人的心情也被洗得更舒畅了。

到处静悄悄的，天地之间好像什么事也没有发生过。刚才的雨化作灰蒙蒙的云雾，飘浮在天地之间，云天如海。过了一会儿，金色的夕阳又回到蓝天，阳光把云雾晒薄了，晒散了，晒轻了，一丝丝，一缕缕，飘飘悠悠的，有的还染着阳光的颜色，橘黄的、玫瑰紫的、金色的……伏尔加河的水还如雨前那样蓝，那样清澈，像一面巨大的镜子，映着蓝天，映着山峦。在阳光的投射下，河面闪着金色的光影，宽阔的伏尔加河面好像盛开着千万朵金莲花。

一艘驳船悄无声息地停在河上，帆没有升起来，光秃秃的桅杆静默在湿润的空气里。这静默的驳船呀，不知是在回忆刚才这场雨的迅猛，还是在欣赏这雨后奇丽的风景。

河畔错落的房子掩映在绿树之中，房前花坛里种着各色的花。树上、花上还挂着晶莹的雨珠。经过这一场雨水的洗礼，整个村庄更加清新、纯美。有的屋子已经亮起了灯光，人们坐在窗前还在回味着这场来势汹汹的雨，数着屋檐下滴滴答答的水珠。屋外，伏尔加河畔的草地上飘来阵阵沁人心脾的野花香。人们坐在窗前呼吸着雨后清新的空气，弹起了钢琴，弹起了吉他，吹起了口哨，享受着大自然的馈赠，好惬意呀。

第四篇

参悟，画中意象

超现实主义绘画冲破传统绘画强调对自然物象再现的藩篱，虽不“像”，但每一幅都能激起人内心的共鸣。

大碗岛星期日的下午

作者：（法国）乔治·修拉

时间：1884—1886 年

类型：布面油画

藏址：美国芝加哥艺术学院

格尔尼卡

作者：（西班牙）巴勃罗·鲁伊斯·毕加索

时间：1937 年

类型：布面油画

藏址：西班牙马德里索菲亚王妃艺术馆

记忆的永恒

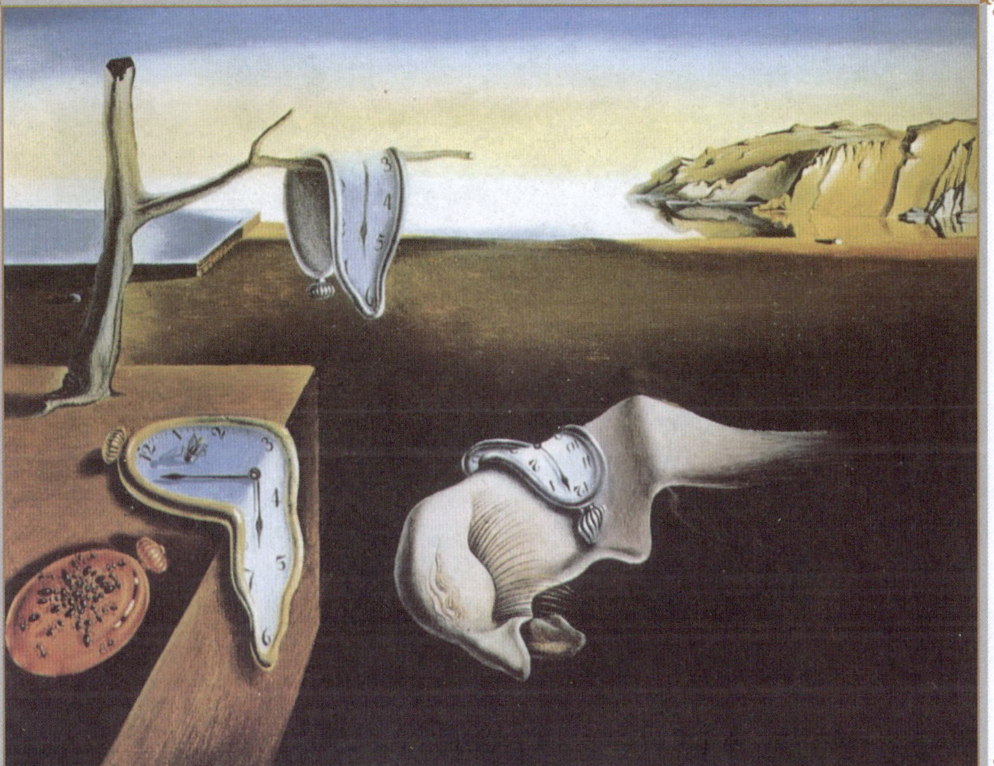

作者：（西班牙）萨尔瓦多·达利

时间：1931 年

类型：油画

藏址：美国纽约现代艺术博物馆

梦

作者：（法国）亨利·卢梭
时间：1910 年
类型：油彩画布
藏址：美国纽约现代美术馆

呐 喊

作者：（挪威）爱德华·蒙克

时间：1893 年

类型：纸粉彩

藏址：挪威奥斯陆国家美术馆

日出·印象

作者：（法国）克劳德·莫奈
时间：1871 年
类型：画布油彩
藏址：法国巴黎马尔蒙顿博物馆

星月夜

作者：（荷兰）文森特·威廉·梵高
时间：1890 年
类型：画布油彩
藏址：美国纽约现代美术馆

阿尔夜间的露天咖啡座

作者：（荷兰）文森特·威廉·梵高

时间：1888 年

类型：画布油彩

藏址：欧特娄·克罗勒–米勒国立博物馆

有云雀的麦田

作者：（荷兰）文森特·威廉·梵高

时间：1887 年

类型：布面油画

藏址：荷兰阿姆斯特丹国立梵高博物馆

内战的预兆

作者：（西班牙）萨尔瓦多·达利

时间：1936 年

类型：布油彩

藏址：美国费城艺术博物馆

农民的婚礼

作者：（尼德兰）彼得·勃鲁盖尔

时间：1568 年

类型：木版油画

藏址：奥地利维也纳艺术史博物馆

贫穷的渔夫

作者：（法国）皮埃尔·皮维·德·夏凡纳

时间：1881 年

类型：风俗油画

藏址：法国巴黎奥赛博物馆

享受阳光

——品析修拉的《大碗岛星期日的下午》兼精彩作文

画家与画

乔治·修拉（1859—1891 年），是点彩画派的代表画家。他接受过完整的美术学院教育，曾学习古典主义绘画，后来又研究过卢浮宫中的大师作品，对光学和色彩理论特别关注并为之做了大量的实验。修拉的画作风格与众不同，充满了细腻缤纷的小点，当你靠近看，每一个点都散发着理性的光芒。

《大碗岛星期日的下午》是新印象主义的代表作，也是一幅在世界美术史上具有里程碑意义的油画作品。画面上的大碗岛位于巴黎附近的奥尼埃，它是巴黎人盛夏时理想的避暑胜地。修拉为了绘制《大碗岛星期日的下午》这幅巨作，整整花费了两年的时间。他每天早上到海边写生，下午回到画室里研究构图和色彩。为了获得正确而且逼真的写实效果，他还对当时流行的服饰和发型等进行了深入的研究。据统计，为创作《大碗岛星期日的下午》，修拉共制作了 400 幅素描稿和颜色效果图。画面中的每一个人物都是画家经过深思熟虑后完成的，他们之间看似毫无关系，却共同形成一种宁静而幽雅的秩序美。

微教案

一、整体浏览

1. 画上画的是什么季节？什么地方？

2. 在这幅画里，画家所要表现的主题是什么？带给你怎样的心情？

二、分解看画

1. 修拉说“艺术就是和谐”，看过这幅画，你从中感受到和谐了吗？（从色彩、结构、人物安排以及人物与景物的关系等方面来讨论）

2. 画面可以分为几个部分？（远处的海面、近处的公园）

3. 观察人物的活动。（岸边垂钓、悠闲散步、草地上休憩……）

三、选点观察

画上的景物，哪一处给你的印象最深？如站立着的那对衣着时髦的情侣。

时髦女郎：
- 牵着一只机灵的小猴子和一只活泼的小狗
- 打着小洋伞，穿着黑色上衣、蓝裙，戴着黑色礼帽，礼帽上有一朵红花
- 苗条，亭亭玉立

四、身临其境

1. 假如你置身画中，有什么感觉？（温暖的阳光，清新的空气，静谧闲适的氛围，惬意的心情）

2. 你会听到什么声音？（微风拂过树梢，鸟儿的鸣叫，小宠物的欢叫……）

教师作文

享受阳光

初夏，周末的午后。

阳光灿烂地照着，风从塞纳河上懒洋洋地吹到大碗岛。不管老树还是新枝，都慵懒地伸着腰，任由风从它们的树梢穿过，它们轻轻地摇动着绿意葱茏的叶子，任由阳光像金色的精灵在它的叶片上跳跃。草也慵懒地伸着腰，头上的花懒洋洋地绽开了一瓣、两瓣……吐出一缕缕淡淡的清香。

游人或三五成群，或成双成对，或独自一人在这滨河的林间休息。你瞧那一家子，多温馨呀，大人与孩子都席地而坐，一边品尝从家里带的美食，一边欣赏塞纳河美丽的风光。那一对母女，准是被眼前的景色迷住了。年轻的母亲白裙、红衣，撑着一把小巧的红伞，静静地站着，小女孩

戴着白色的太阳帽，穿着一袭白色连衣裙也静静地站着。暖暖的阳光照在她们的身上，也照进了她们的心里。一些孩子不愿意闲着，与伙伴们尽情地嬉戏，笑声洒满了整个林间。

一只黑色的狗兴奋得像过节似的这儿跑跑，那儿跑跑。它被关了一个星期了，难得主人带它出来散心，它今天可算是自由了！它被什么美味吸引，飞奔而来，啊，草地上撒了不少面包屑，还有零碎的骨头。它津津有味地啃着，还不时抬头打量一下四周，仿佛在担心它的食物会被抢走。小黑狗的附近，有一个身体健壮的中年汉子，穿着蓝色的牛仔裤，红色的背心，头戴一顶遮阳帽，斜躺在草地上。他一手撑地，一手握着烟斗，轻轻地吸了一口，又轻轻地吐出了一圈圈的烟雾。好惬意呀，仿佛吐出的是他所有的烦恼与疲惫……

“汪！汪！”好熟悉的同类叫声，这只小黑狗转身一看，一只颈上套着明晃晃的项圈的棕色小狗向它扑来，但被一条绳子牢牢地拉住了，无法前进半步。棕色小狗的同伴是一只可爱的小猴子，也被绳子拴着。棕色小狗和小猴子目不转睛地望着小黑狗，不知是羡慕还是嫉妒。它们是一对贵族夫妇的宠物，贵妇人穿着一条蓝色的裙子，好看极了。无论是贵妇人还是她身边的绅士，都如痴如醉地欣赏着塞纳河上的风景，完全没有意识到他们的宠物在可怜巴巴地望着他们，请求把套在它们脖子上的绳子解开，让它们也能像小黑狗一样快活地奔跑。

塞纳河上，碧绿的河水懒洋洋地流着，灿烂的阳光洒在河面上，泛起一圈圈金色的波纹。

挥之不去的战争

——品析毕加索的《格尔尼卡》兼精彩作文

画家与画

巴勃罗·鲁伊斯·毕加索（1881—1973 年），20 世纪现代艺术的主要代表人物之一，西班牙著名画家、雕塑家。主要作品有《亚威农少女》《拿烟斗的男孩》《格尔尼卡》《阿维农的少女》等。其中《格尔尼卡》这幅画是毕加索作于 20 世纪 30 年代的一件具有重大影响及历史意义的杰作。

毕加索是一位天才艺术家，在整个 20 世纪，没有一位艺术家能像毕加索一样因画风多变而人尽皆知。毕加索是位多产的画家，他一生完成的作品多达几万件。毕加索的一生辉煌之极，他是有史以来第一个亲眼看到自己的作品被收藏进卢浮宫的画家。毕加索说：“我的每一幅画中都装有我的血，这就是我的画的含义。”

微教案

一、背景介绍

1937 年，法国举办世界博览会，西班牙决定参展，请毕加索为西班牙馆的墙面创作一幅装饰壁画。

4 月 27 日，法西斯德国悍然出动轰炸机轰炸西班牙中北部小镇格尔尼卡，杀害数千平民百姓。毕加索闻讯极为愤慨，立即找到了创作的灵感和主题。他说：“艺术家怎么可能对其他人漠不关心，自生活中抽离，放弃带给绘画创作丰富灵感的社会大众呢？不，绘画不是用来装饰房子的，它是对抗敌人攻防战的必需工具。”他仅用几个星期的时间便完成了这幅画，并直接命名为《格尔尼卡》。该画用象征性的艺术手法对德国纳粹轰炸西班牙小镇格尔尼卡事件进行了控诉，有力地揭露了侵略战争的罪恶和法西斯的暴行。

《格尔尼卡》问世后，曾在一些国家展出，受到爱好和平者的高度评价，毕加索也因此备受世界人民的尊敬。

二、整体浏览

1. 看着画面上的一切，你会产生怎样的心情？（恐惧？悲愤？难过？）

2. 从右至左看画，你看到了什么？

右边：
- 一个妇女举手狂叫求救
- 另一个妇女拼命奔跑
- 一条手臂从窗口斜伸进来，手中举着一盏油灯

中间：
- 被一把长矛刺穿肚子拼命嘶鸣的马
- 地上是一个战士的尸体，手中握着一把断掉的剑

左边：
- 一个悲痛欲绝的母亲抱着一个死亡的孩子
- 一头悍然站立的公牛

三、选点观察

画中哪一个形象最让你挥之不去？如悲痛欲绝的母亲。

悲痛欲绝的母亲：
- 动作：双膝跪地，双手抱着死于非命的孩子
- 表情：悲伤，恐惧，哀泣
- 语言：声嘶力竭，呼喊

四、身临其境

1. 从这幅画中，你听见了什么？（母亲的号啕大哭，人们的仰天长啸，战马的濒死长嘶……）

2. 在这幅画里，你除了看到这些悲惨的景象，还看到了什么？（残暴？恐怖？痛苦？绝望？死亡？呐喊……）

教师作文

挥之不去的战争

又是一年柳絮飞，人间芳菲四月天。

美丽的西班牙小城格尔尼卡到处花团锦簇，人们沐浴在和平的阳光下。

忽然，天空乌云密布，被遮住的太阳像一盏只有微弱之光的灯，悬在空中，看起来好似一只惊恐、孤独的眼睛！它能照进这黑暗的世界吗？它能驱散战争的阴霾吗？“轰隆隆……”几十架战机从小城低空呼啸掠过，伴随着机枪的扫射声、炸弹的爆炸声。刹那间，火光冲天，弹片横飞，人们的哭叫声、呼喊声撕裂长空，小城顿时陷入了黑暗的深渊！

“哞——”一头强壮的公牛不知从什么地方狂奔而来，横冲直撞，肆无忌惮地践踏着一切生命。一个年轻的妈妈双膝跪地，抱着死去的孩子仰问苍天：“上帝呀，你的仁慈何在？你是瞎了眼了，还是耳朵聋了呀，为什么任凭强盗们为非作歹？”

上帝失语。

一位战士跃马飞奔而过，他要驰骋沙场，与豺狼决一死战！天哪，一把锋利的长矛从天而降直刺战马的脖子。战马痛苦地嘶鸣，缓缓倒下，鲜血染红了大地。应声倒下的战士仰面朝天，圆睁怒目，死不瞑目。他双臂被折断了，浸在血泊里，一手还握着残剑；他的另一只手握着一束鲜花，不知是献给恋人的，还是献给母亲的。

夜幕下，终于掠过一抹亮光。一间黑暗的小屋被推开了一扇窗，一个“自由女神”模样的人，伸着长长的手臂高举一盏油灯，那微弱的火光能照亮这暗无天日的世界吗？“快跑呀！”一个人一边尖叫着，一边仓皇地奔逃。她踏着鲜血，踏着遍地的尸体，拼命奔跑。

“天哪，救命啊！”一个年轻的女子双臂伸向天空，企求上帝的拯救。可是这冷酷的上帝呀，熟视无睹！

这就是毕加索笔下的《格尔尼卡》，1937 年 4 月，那个撕裂和平的悲剧永远留在了人类伤痕累累的记忆中。

时间都去哪儿了

——品析达利的《记忆的永恒》兼精彩作文

画家与画

萨尔瓦多·达利（1904—1989年），西班牙超现实主义画家和版画家，是一位具有卓越才能和想象力的画家，以善于探索潜意识的意象而著称。达利为20世纪欧洲绘画艺术的发展做出了杰出的贡献，他与毕加索、马蒂斯一起被认为是20世纪最有代表性的三个画家。

《记忆的永恒》是一幅令人震惊的作品，向人们展示的是一片死一般的沉静。死寂的海滩，大海、山峰都沐浴在太阳的余晖中。一个长着长长睫毛，好像正在梦境中的怪物躺在海滩上。怪物的一旁有一个平台，平台上长着一棵枯树。最令人匪夷所思的是，画中的三个钟表都变成了柔软的、可以随意弯曲的，如同面饼一样。它们或挂在枯树枝上，或搭在平台的边缘，或披在怪物的背上，好像这些钟表都已不堪重负似的。

微教案

一、名句欣赏

1. 子在川上曰："逝者如斯夫！不舍昼夜。"（《论语·子罕》）

2. 人生天地之间，若白驹过隙，忽然而已。（《庄子·知北游》）

二、展开想象

1. 假如有一天，时间的"流水"不再流了，时间的"白驹"不再奔跑了，世界会变成什么样子？

2. 假如"时间"被分割成"碎片"，世界会变成什么样子？

三、绘画欣赏

1. 那天，时间“休息”了，留下了永恒的瞬间，看画家达利的笔是怎么描绘的。

地点：无边的海，宁静的海滩。

景物：海中的岩石，海滩上的怪兽、枯树、平台。

2. 能找到时间留下的痕迹吗？（阳光的余晖，三个软钟，被腐蚀的水壶……）

四、身临其境

1. 假如你真的走进这样的画中，你会有什么样的感觉？

2. 详细说说这如梦如幻的情景。

教师作文

时间都去哪儿了

子在川上曰：“逝者如斯夫！不舍昼夜。”

庄子曰：“人生天地间，若白驹过隙，忽然而已。”

有一天，水突然不流了，说它要休息一会儿，这样没日没夜地不停地走，从没休息过，实在是太累了；白驹突然停下了脚步，说它要喘息一会儿。那么，如果时间突然停止了，这个世界会是一番怎样的情景呢？

西班牙超现实主义画家萨尔瓦多·达利，用他神奇的画笔，为我们留下了一个永恒的画面。让我们浸润其间，感受其趣、其玄、其妙。

时间不翼而飞！一切有生命的东西都随时间消失了，只剩下一片荒漠，一片寂静。太阳不见了，还好淡淡的余光还在，太阳的阴影还留在海滩上。海滩上空荡荡的，空旷得让人心慌，让人窒息。忽然，不知从什么地方冒出了一只怪物，水红色的，有点像半握着的拳头。好荒诞的怪物呀，它没有眼睛，却有长长的睫毛，几乎遮住了整个面部，时不时吐着水红色的舌头，扮着鬼脸。最不可思议的是，怪物赤裸裸的，没有皮毛，背上竟披着一只软软的钟表，难道时间也感到疲劳了吗？

海滩的一隅，凭空出现了一个黄色的像木柜似的物体，一只钟表弯成九十度搭在“柜子”的边上，像给“木柜”安了一把锁。难道时间有角度和边沿吗？难道时空也可以弯曲吗？“木柜”上不知是谁留下的一块怀表，但时针、分针、秒针一如怪物背上的软钟一样已经定格。一群红蚂蚁像是被时间遗忘了，爬在怀表上正贪婪地吞噬时间，消费时间，腐蚀时间。

在“木柜”的一角立着一棵枯树，光秃秃的树枝上也搭着一块软绵绵的钟表。不知那软钟是否还记得树上的花香，树上的鸟语；是否还记得风在树上跳舞，雨在树上歌唱？

远方的大海本是碧波荡漾的，却因为时间的偷懒成了死海，一片死寂！连微波也没有，泛不起一丝涟漪。那翻飞的鸟影呢？那嬉戏的鱼群呢？那踏浪的欢歌呢？那片片帆影呢？那阵阵渔歌呢……只剩下一片茫茫然的白雾一动不动地笼罩在海面上，像梦一般，却一点儿也不缥缈，只有虚幻。令人不解的是，光溜溜的岩石却能超然于白雾之外，披着一身金黄的日影，炫耀它们的存在。

时间哪儿去了？又因何事与世界失去了联系？时间呀，你躲藏在哪儿呢？如果你还在沉睡，又有谁能唤醒你呢？

丛林里的少女之梦

——品析卢梭的《梦》兼精彩作文

画家与画

亨利·卢梭（1844—1910 年），法国现代派画家。他是一位自学成才的画家，18 岁从军，27 岁参加德法战争，退役后任税务员，业余喜欢画画，到 40 岁离职后，开始不断地作画，受到当时著名艺术家毕加索等人的推崇。他是一位完全靠自学成才的画家，曾说：“除了自然之外，我没有老师。”他完全出于喜欢而作画，不受任何规律的约束，有着纯朴的感情，因而其作品有一种原始的、纯朴率真的美感。

《梦》是卢梭逝世前最后一幅杰出的作品。画中景色如童话世界一般，令人感到神秘而向往。斜倚在长椅上的是卢梭的初恋女友亚德菲加，她置身于充满梦幻的热带丛林中，四周奇花异草郁郁葱葱，两只狮子对她虎视眈眈。森林深处还有大象和禽鸟，以及如水的月光下吹奏长笛的黑人，这是一种多么神秘的梦幻之境。当时有位评论家曾写信问画家画作为何这般构思，卢梭说：“那是长椅上的少女梦见自己被运到热带丛林时的景象。”原来，画中的草木花卉、禽兽、人物，乃至森林中长椅上的裸女，均是少女亚德菲加的梦境。

微教案

一、欣赏歌曲

非洲梦

我想去那遥远的非洲
看一看那里的天和树

亲耳听一听非洲的鼓声
还有那歌声的真实倾诉
啦……啦……啦……

那里有一个聋哑的姑娘
她长得和你一模一样
我们就住在茅草房的里边
我要用鲜花给你做件衣裳
啦……啦……啦……

小鸟儿一叫我们就起床
树上的水果是最好的干粮
骑着那大象四处游荡
去寻找故事中故事中的宝藏
啦……啦……啦……

讨论：歌曲中的非洲，给我们留下了怎样的印象？（美丽、浪漫，一切都是那么自由）

二、浏览画面

1. 画中画的是什么地方？什么时间？（热带丛林，月夜）

2. 画家笔下的《梦》与歌曲《非洲梦》中的“梦”有什么相似的地方吗？（一样的浪漫、自由、纯朴）

三、欣赏名画

仔细看画，你看到了什么？（姑娘、月亮、树木、花草、动物、吹奏长笛的黑人）

四、说梦

画家卢梭曾这样描述这幅画的内容：“那是长椅上的少女梦见自己被运到热带丛林时的景象。”

1. 请问：这是一个怎样的梦？（神奇、浪漫、美丽、有趣）

2. 姑娘梦醒后，她的心情会怎样？（激动、快乐）

3. 姑娘梦醒后，她会怎样向家人叙说自己的梦？（所见、所听、所感）

教师作文

丛林里的少女之梦

夜很深很深，四周静悄悄的，只有月亮还挂在窗外的天空。女孩靠在舒适的沙发上，想着自己的心事，怎么也睡不着。

调皮的月光透过薄薄的窗纱，把女孩的梦偷走了，偷到了一个很远很远的陌生的地方。

那是一片古老的原始森林，月亮挂在墨蓝色的天空。

好神秘的森林呀，尽是奇花异草，树木们长得也都不一样，红的、绿的、青的、黄的都有，女孩好像都见过，却又都叫不出它们的名儿来。那树有阔叶的，有针叶的；有乔木，有灌木……一丝风也没有，树静静地站着，一动也不动。女孩坐在一棵结满红果子的大树下的长椅上，果香扑鼻而来。女孩伸手就能摘到果子，可不知为什么就是抬不起手来。好诱人的果子呀！女孩坐着的长椅边好像是一个宁静的水池，池边有好多花草，但女孩只认得兰花和荷花。兰花这儿一丛，那儿一丛，狭长的叶子绿得那么鲜艳，映着月色，闪着银光。碧绿的荷叶像一个个翡翠玉盘，荷叶上晶莹剔透的露珠，在月光照耀下，像一颗颗价值连城的夜明珠。荷花从挨挨挤挤的荷叶间高高抬起头，披着月色的荷花有的闪着蓝光，有的闪着绿光，有的闪着金光……好神奇呀！

忽然，森林深处响起了一串悠扬的笛声。笛声像月色一样在朦胧的树影中氤氲开来，又像风一样拂过每一棵树，每一朵花，每一片绿叶。一个皮肤黝黑的青年双手捧着竖笛从茂密的树林中慢悠悠地走来，好像漫步在田间小路。青年还带来了两头狮子。那狮子虽然威武，但一点儿也不凶恶，目光是那样和善。笛声把一条硕大的水蛇也吸引来了，它蠕动着身子，吐着信子，还跳起了舞，舞姿是那样优雅，像个专业的舞蹈演员。天哪！一只大象也来了，迈着稳重的脚步，甩着长长的鼻子，好像是来欣赏什么精彩的节目似的。瞧它那样儿，眯着眼，扑扇着双耳，心里定是充满了喜悦。“叽叽叽……”“喳喳喳……”一白一黑两只夜莺不知从什么地方飞来了，站在树梢弯着腰尽情地唱着……

好美丽的梦呀，一切仿佛披着轻纱似的，朦朦胧胧的。那月亮还挂在树梢，不知是梦中的月，还是窗前的月。

一声呐喊穿越宇宙

——品析蒙克的《呐喊》兼精彩作文

画家与画

爱德华·蒙克（1863—1944 年），挪威表现主义画家和版画复制匠，20 世纪表现主义艺术的先驱。他出生于挪威洛顿，自幼时起，蒙克就开始不停地和疾病、死亡打交道。5 岁时，他的母亲因肺病去世，15 岁时，长他一岁的姐姐苏菲也死于肺病。后来他的妹妹也患了精神分裂症。蒙克成年后，兄弟在婚后不久就死去了。这些家庭的变故使蒙克的内心严重扭曲。在蒙克的日记里，曾记下了这幅画作诞生前他的状态："太阳已快下山了，天空突然间变得血一样红，我似乎感受到了一种悲伤忧郁的气息，我止住了脚步，轻轻地倚在篱笆边，极度的疲倦已使我快要窒息了。火焰般的云彩像血，笼罩着蓝黑色的挪威的城镇。我的朋友，继续独自走着，而我却呆呆地站在那儿，焦虑使我不停地发抖，我感到四周似乎被一声巨大而又不断的尖叫震得摇摇晃晃。"他对心理苦闷的强烈的、呼唤式的处理手法对 20 世纪初德国表现主义艺术产生了决定性的影响。

《呐喊》是蒙克最重要的代表作。凭借它，蒙克获得了"丑恶事物的画家"的称谓，以及"表现主义之父"的不朽地位。《呐喊》是画家用灵魂作的画，表现了他带有强烈的主观性的悲伤压抑的绘画风格，与其说是画中人在呐喊，不如说是蒙克自己在"呐喊"。

微教案

一、看画心情

当我们第一眼看这幅画时，会产生怎样的心情？（紧张、害怕、恐惧、孤独）

二、整体浏览

1. 画的是什么时间？

2. 画的是什么地方？

三、观察人物

1. 请把眼睛从画上移开，你脑中会留下怎样的人物形象？如黑衣人。

黑衣人
- 外貌：瘦小，骷髅一般
- 穿着：黑衣
- 动作：靠桥栏，捂耳朵
- 表情：变形的面孔，圆睁的双眼，凹陷的脸颊

2. 你听见他的呐喊了吗？他在呐喊什么？

四、想象呐喊

蒙克曾叙述了这幅画的由来："我又累又病，停步朝峡湾那一边眺望——太阳正落山——云被染得红红的，像血一样。我感到一声刺耳的尖叫穿过天地间。"

看这幅画，你能听到尖叫声吗？（血色云朵的摩擦，海浪的怒吼，风的呼啸……）

教师作文

一声呼喊穿越宇宙

蒙克一生与痛苦、不幸相伴，仿佛游走于悬崖峭壁。他贫病交加，但没有沉沦、绝望，用他的话说是"要是没有忧虑和痛苦，我就像一艘没有舵的船"。他用"灵魂作画"，让人从画作中看到一个真实的心灵世界。

那天，晚霞染红了天边，像血一样红。蜿蜒的小路很长很长，路的一边是高耸的山崖，另一边是深不可测的大海，霞光映在海面，泛起点点红光；几只渔船沐着红色的晚霞在波光中漂泊，它们不知从哪里来，也不知要驶向何方。

长长的路上出现一个孤独的身影，他不就是画家蒙克吗？他步履蹒跚，双腿好像灌了铅似的沉重。他踽踽独行，陪伴他的只有微凉的晚风，

只有漫长的孤独和难以排遣的寂寞。

蒙克走上了一座桥，那桥好长好长啊，似乎比梦还要长。一个人影也没有，一点儿声音也没有，血色的红霞落在桥栏上，这好像是一个被世界遗忘的地方。

蒙克已经走不动了。他靠在桥栏上，蒙眬的双眼眺望着海的远处，太阳缓缓地落下海平面，天边的云和海里的水都被染成血一样的红色，那是多么令人恐惧的色彩呀！忽然，桥的一端出现了两个人影，一袭黑衣，瘦长瘦长的，轻飘飘的，似乎一点儿重量也没有。一阵恐惧袭上蒙克的心头，他的心开始狂跳不止……

“啊——”一声呐喊仿佛从天际传来。蒙克恍恍惚惚中看见一个瘦弱的人影靠在桥栏上，声嘶力竭地尖叫着。那样子非常可怕，令人毛骨悚然！那个人不知是男是女，一身黑衣，夕阳下，他的脸变成了黄色。他的双手紧紧地捂着耳朵，脸颊深深地凹陷进去。他张着嘴巴拼命地呐喊着，脸部扭曲得像一具骷髅，双眼深深地陷进去，充满了极度的恐惧。

“啊——”一声刺耳的尖叫仿佛穿过天地间。蒙克不知那个人就是自己，还是自己就是那个人，他仿佛看见天地间的一切都在呐喊。一块块血红的云霞相互摩擦，变成红色线条急剧地流动起来；桥下的海面卷起了汹涌的波涛，也在疯狂地尖叫着；桥面上的每一块木板，每一根栏杆，都好像有什么从上面滑过似的，不断地嘶鸣着……

蒙克只觉得天旋地转，整个宇宙都处在动荡中，他被这杂乱的、令人恐怖的颜色和一声声不知是从天外而来，还是灵魂深处传来的呐喊声包围着。他无法逃避，无法自控，也发出了尖叫……

过了好长时间，蒙克的心才慢慢平静下来。回到家后，他挥笔创作了一幅惊世之作——《呐喊》。那一声发自内心的疯狂呐喊仿佛穿透了整个宇宙。

窗前的日出印象

——品析莫奈的《日出·印象》兼精彩作文

画家与画

克劳德·莫奈（1840—1926年），法国最重要的画家之一，被誉为“印象派领导者”，是印象派代表人物和创始人之一。

《日出·印象》是印象派的代表作，也是画家莫奈的代表作。顾名思义，这幅画是画家通过自己的印象而画的。画面描绘的是透过薄雾观望勒阿弗尔港口日出的景象，一轮红日冉冉升起，橘红的光影闪烁在碧波荡漾的海面上，远方港口码头的轮廓在朦胧迷漫的晨雾中影影绰绰，近处的小船，虽然也很模糊，但是船上的人物依稀可辨。

1874年，《日出·印象》在巴黎展出，受到了许多人的抨击，有批评家以“印象主义”来讽刺它。没想到这个名称竟从此彪炳画史，从此诞生了“印象派”这一画派。

微教案

一、感受名画

莫奈是法国印象派大师，他的朋友塞尚曾称赞他：“莫奈只是两只眼睛，可是我的天，那是多么了不起的眼睛啊!”这“了不起的眼睛”看到了什么？这幅不朽之作的美表现在哪里？

二、推测观察点

1. 画家是处在什么位置观察到眼前的景象的？

2. 画面表现的是什么时间的景象？

三、仔细观察

1. 远处有什么景物？画家是怎样表现晨雾中的景物的？（码头、吊车、烟囱）

2. 海水的颜色发生了什么变化？（泛着橘黄色）

3. 近处有什么景物？想象小船上的人物。（几条小船，背对阳光、动作缓慢）

4. 天上的太阳与海中的太阳有什么不一样？（冉冉升起，不耀眼，水中铺着一条橘黄色的海中大道）

四、想象画面

1. 看着画面，你听到了什么声音？（轮船的汽笛，海鸟的鸣叫……）

2. 假如你处于画上描绘的景物中，会有什么感受？（海风拂面，怡然自得）

教师作文

窗前的日出印象

我的家在海边，打开窗户就能看到碧波荡漾的大海，就能看到成群的海鸟在海面上自由自在地飞翔，就能看到大大小小的船只在海上穿梭来往。

我喜欢看海上日出。

“嘟——”“嘟——”

隐隐约约的汽笛声从远处的海面传来，把我从美梦中唤醒，告诉我新的一天开始了。我打开窗户，清新的空气扑面而来，还夹着大海特有的腥味，这是大海母亲的乳香。海面还笼罩在一片轻纱似的白雾中，遥远的天边泛起了一片红晕。

过了一会儿，太阳从海平面悄悄地露出了红红的脑袋，因为雾的笼罩，太阳一点儿也不耀眼，好像是大海的新生儿，全身红通通的。天边的红晕范围越来越大，颜色越来越红，逐渐变成满天的红霞。晨雾还没有散开，被阳光染成了红色。

此时，窗外的景色是最美丽的。大海好像披着一件水红色的薄纱，依稀可见远处工厂里林立的烟囱在吐着烟。繁忙的码头、像巨人一样高高矗立的吊车、停泊在码头的轮船，只能看到它们大致的轮廓，朦朦胧胧的。近处的海面泛起了金色的波光，在金波、金雾中穿梭的大大小小的船只像梦一般美。瞧，两条小船正背着太阳缓缓前行，好像是一张剪纸画。前面一条船看得清晰些，船上有两个人，站着摇橹的人好像是母亲，阳光描绘出了她那女性的丰满的轮廓。坐在船舱的像是个孩子，他对海面的美景一点儿也不感兴趣，双眼注视着母亲。是呀，母亲就是孩子眼中最美丽的风景。母子俩似乎还交谈着什么，好温馨呀！

碧波荡漾的海面像一条光彩夺目的金光大道，而太阳像个大明星一般沿着金光大道慢慢地走到天边。渐渐地，海上的金光大道越来越宽，越来越长，直到最后晨雾渐渐散开，整个大海都泛起了橘黄色的波光。

我赶紧铺好画布，拿起画笔画下这窗外的美景，并取了个好听的名字：《日出·印象》。

遥远的星空

——品析梵高的《星月夜》兼精彩作文

画家与画

文森特·威廉·梵高（1853—1890年），荷兰后印象派画家，是19世纪世界最杰出的艺术家之一，在西方艺术走向表现主义的进程中起着决定性的作用。造型、明暗、透视等一切写实的因素在梵高的作品中全部隐去，只留下率真的线条与热情如火的色彩。梵高出生在一个牧师家庭，早年做过职员和商行经纪人，还当过矿区的传教士。在矿区的经历让梵高充满了对底层矿工的同情，之后，他走上了孤独的艺术道路。在他短暂的艺术生涯中，没有鲜花和掌声，甚至没有一幅画作得以出售，最终他在穷困潦倒中自杀身亡，年仅37岁。梵高的作品充满奇幻的色彩与狂乱的线条，体现了艺术家内心的各种情感，极富艺术感染力。

油画《星月夜》是梵高整个绘画生涯中重要的作品之一，展现了一个高度夸张变形与充满强烈震撼力的星空景象。那巨大的、卷曲旋转的星云，那一团团夸大了的星光，以及那一轮令人难以置信的橙黄色明月，大约是画家在幻觉和晕眩中所见。前景中深绿和棕色的杉树，象征着人类的挣扎与奋斗的精神。整幅画的线条充满了力量，如同雕刻一般极其清晰，几乎没有粗细差别，这些线条向后卷曲着，越卷越高，充满动感。

微教案

一、欣赏诗句

1. 天接云涛连晓雾，星河欲转千帆舞。仿佛梦魂归帝所，闻天语，殷勤问我归何处。

——（宋）李清照《渔家傲·天接云涛连晓雾》

2. 洞庭青草，近中秋、更无一点风色。玉鉴琼田三万顷，着我扁舟一叶。素月分辉，明河共影，表里俱澄澈。悠然心会，妙处难与君说。

——（宋）张孝祥《念奴娇·过洞庭》

二、整体品味

1. 画面给我们什么样的感觉？（宁静的夜晚，悠远的星空充满着具有动态感的星辰）

2. 画面中主要有哪些景物？（星空、村庄、一棵顶天立地的大树）

3. 画面的主要颜色有哪些？（蓝色、黄色）

三、观察星空

1. 画家笔下的星空与我们平时看到的星空有什么不一样？（像流动的河流，波澜壮阔，星星像旋转的波浪）

2. 联系李清照的词句“天接云涛连晓雾，星河欲转千帆舞”，想象：假如驾一叶小舟在这样的星空里泛舟，你会有什么感觉？会看到什么景象？（闪烁的星辰、皎洁的月亮、洁白的云彩，忽然间像旋涡一样翻滚起来，闪着炫目的光彩）

四、品读画意

你知道画家通过画中的景物要表达什么意义吗？（那轮从月食中走出来的月亮，象征着对走出黑暗的向往，让人联想到梵高常提到的一句雨果的话：“上帝是月食中的灯塔。”树梢伸向夜空的老树像一位慈祥的老人和蔼地凝望着身前的村庄；村庄中最高的尖顶建筑是一座教堂，只差一点儿，它就碰到了那闪烁的繁星，它能到达天堂吗？）

教师作文

遥远的星空

很久没有仰望星空了。

暑假回到乡下老家，挣脱了电脑、电视的绑架，终于可以重新做一回自己了。我仿佛回到了童年，站在自家门前仰望那星空。

多么迷人的星空啊！天空的底色是湛蓝湛蓝的，偶尔懒懒地飘过几朵洁白的云彩，繁星点缀着整个夜空，闪着迷离的光彩，一轮明月挂在天边。

“人闲桂花落，夜静春山空。”没有风，夜静得像一潭平静的秋水，似乎所有的生灵都已经睡了。

唯有夜空还醒着，星星和月亮还醒着。仰望星空，不知怎的，我忽然觉得星星们流动起来了，旋转着，翻滚着，朝前流去。哦，我明白了，我看到的是银河呀！也不知怎的，那一轮明月变成了一叶扁舟，我就坐在月亮船里，周围映着点点繁星。艄公一边划着桨，一边亮起了嗓子，嘹亮的渔歌回荡在星河。好惬意的银河泛舟！我陶醉了，“天河夜转漂回星，银浦流云学水声”，放眼望去，银河广袤而悠远，一眼望不到边。到处都是星星，大的、小的，黄色的、褐色的，眨眼的、含笑的……我恍惚置身在百花园里，所有的花都探出脑袋，摇摆着身子，炫耀着自己的美丽；我恍惚漫步在雨中的大街上，一把把五颜六色的花伞从我身边飘然而过，有的还旋转起来，飞溅而出的雨珠打湿了我的衣裳。几缕白云飘落在银河里，银河泛起了波浪，眼前尽是金光在闪烁，我的月亮船在闪着金光的白浪中颠簸……

一阵秋风袭来，提醒我原来不是在银河泛舟，而是站在星空下看银河。

四周静悄悄的，整个村庄都沉睡了，皎洁的月光洒在高高低低的一幢幢砖瓦房上。一株高大挺直的柏树，披着睡衣静静地站立在村前，宛如一位老者慈祥和蔼地凝望着村庄，好像在守卫这一方山村的平安。沐浴在月色下，教堂的尖顶直插云汉，好像只差一点儿，它就能碰到那闪烁的繁星了，它真的能传达上帝的祝福吗？

夜，真的很美，今晚终于又看见星空了。

夜幕下的街头咖啡馆

——品析梵高的《阿尔夜间的露天咖啡座》兼精彩作文

画家与画

1888年2月，梵高在朋友的推荐下来到法国南部小城——阿尔城，并很快就爱上了这个城市，梵高称它为“有着蓝色调子和快乐色彩的城市”。在这里梵高开始疯狂地作画，他大部分的伟大的作品都在此完成的。他时常觉得夜间比白天更充满生机勃勃的色彩，所以几度跑到户外画星星。《阿尔夜间的露天咖啡座》中，在煤气灯照耀下的黄色的雨篷与深蓝色的星空形成同形逆向的对比，好像展现着画家希望与悔恨、幻想与豪放的复杂心态。这幅画是梵高众多作品中最值得注意的一幅，也是梵高的作品中最著名的一幅。

在梵高完成此画100多年后，这家咖啡馆一直是阿尔当地人饮酒、喝咖啡的地方，现在被称作“梵高的咖啡馆”，仍保留着那黄色的雨篷和所有和画上一样的东西。

微教案

一、整体浏览

1. 画上画的是什么时间？什么地点？

2. 画可以分为哪几个部分？（夜空、小巷、咖啡厅、鹅卵石街道）

3. 画家主要用哪几种色调来画的？给人什么样的感觉？（蓝色与黄色，显得温馨、恬适）

二、观察咖啡馆

1. 画上的咖啡馆，给我们什么样的感觉？（虽然简陋，但亮着黄色的灯，让人觉得温暖）

2. 画了哪些人？（侍者忙着服务，客人有的独坐一桌，有的两人对坐，有的三五人围坐……）

3. 喝咖啡的有可能是些什么人？

三、品读画意

画家住在小城阿尔，画这幅画时给朋友写信说：“一家咖啡馆的外景，有被一盏大煤气灯照亮的一个阳台，与一角闪耀着星星的蓝天。我时常想，夜间要比白天更加有生气，颜色更加丰富。”

从这幅画里，你能品味出画家的心情吗？

（星星在画家的笔下变成美丽的花朵绽放在蓝色的夜空；那零落的座位在静静地等待相知相识的人到来；铺满鹅卵石的路面讲述着人生的坎坷；橘黄色的咖啡馆给游走夜间的人一丝暖意；一丛绿树伸进画面，预示着希望与祝福……）

四、身临其境

假如你也置身在画里，有可能与谁一起来？会有怎样的感觉？看见了什么？听见人们在说些什么？

教师作文

夜幕下的街头咖啡馆

夜色阑珊，秋凉如水。

漫步在古老的法国南部小镇阿尔，我独享秋夜的宁静。路灯昏昏欲睡，高高低低的楼房静静地立着，好像披着银色的睡袍，已经沉沉入眠。铺着鹅卵石的街道在朦胧月色下向远处延伸，从远处田野传来的几声秋虫的鸣叫，使这静谧的小镇显得更加清幽。

忽然，不远处的一片金黄的亮光扑入我的眼帘。如果说这苍茫的夜是无边的海，那么那一簇黄色的光影就是一个引人注目的岛屿了。于是，我的漫步有了目标。

原来这宛如小岛的黄色的光影是一家露天咖啡馆。孤悬在墙壁支架顶端的那盏煤气灯，将凉棚顶和建筑物外墙面照射出一片耀眼的金黄，甚至把光滑的鹅卵石也照出了棱角。露台铺着狭长的红色条木，在灯光的映衬下，在这初秋的深夜给人带来丝丝暖意。露台上、街道旁错落有致地摆放着十多张咖啡桌。我选择了一个临街的位子，刚刚落座，一位白衣侍者便热情地迎了过来，礼貌地问我："先生，喝咖啡吗？要加糖吗？"

"来一杯吧，不加糖。"我微笑着回答。

我端起热气腾腾的咖啡轻轻地啜一口。啊，一阵淡淡的温暖，一缕悠悠的苦香，弥漫到我的全身，好惬意呀！我打量着这星光下的露天咖啡厅，在这温暖的黄光里，客人们三三两两地围坐着，交谈着，所有人的声音都很低，生怕打破这夜的宁静。过了一会儿，陆续有人起身告辞，或孑然一人，或挽着情侣的臂膀，踏着鹅卵石的街道，消失在茫茫的夜色中。

初秋的夜空，明净如水，没有一点儿云彩。天湛蓝湛蓝的，蓝得发黑，蓝得发紫。繁星点点，像一朵朵洁白的、金黄的花朵，开在碧蓝的天空；又像一盏盏白色的、金黄色的灯笼，挂在深蓝的夜空。

多么美丽的夜呀！

云雀从麦田飞过

——品析梵高的《有云雀的麦田》兼精彩作文

画家与画

《有云雀的麦田》描绘的麦田不是我们肉眼所见的麦田。梵高在画中表现的是他个人精神世界里的意识和他炙热的情感。那一片麦子矗立在风中，欣欣向荣，它们一起迎着风舞蹈，一起逆着风歌唱，你拥我挤，好不快活。麦田之上是一只云雀，在广阔蔚蓝的空中显得彷徨无助，张开翅膀却始终不敢逆风而飞。

《有云雀的麦田》这幅画色彩安静舒适，那空中的云雀其实可以飞得更高，但它害怕孤独，害怕受伤害，始终顺着风低空飞翔，与麦子们保持相同的方向。这不是一种妥协，而是一种对融入集体的渴望。这幅画让我们慢慢走进梵高的内心，他就像那只孤飞的云雀，在麦田上空迷失了自己的方向，因害怕寂寞而努力地飞着，却又始终无法找到自己的归处。

微教案

一、复习课文

回忆课文《可爱的草塘》描写草塘的语句。

这么大这么美的草塘，我还是第一次看到，走了进去就像置身于大海中一样，浪花翠绿翠绿的，绿得发光，绿得鲜亮，欢笑着，翻滚着，一层赶着一层涌向远方。仔细瞧那浪花，近处的呈鲜绿色，远一点儿的呈翠绿色，再远的呈墨绿色，一层又一层，最后连成一片，茫茫的跟蓝天相接。

二、整体浏览

1.《有云雀的麦田》与草塘有相似的地方吗？（辽阔、绿色）

2. 你看到画中的云雀了吗？有什么感觉？（辽阔的麦田与孤独的云雀）

三、分解观察

1. 画面可以分为几个部分？（天空、云雀、麦田）

2. 观察麦田。

静止的麦田：一望无际，翠色欲流，麦穗泛着淡淡的黄色。

风中的麦田：麦浪起伏，一层赶着一层，沙沙作响。

3. 天空为什么也变成了黄绿色？

四、身临其境

1. 假如你是那只云雀，你从哪里起飞？要飞向何处？会看到什么？

2. 假如你是那只云雀，在这辽阔的麦田上飞翔，你会有怎样的心情？

教师作文

云雀从麦田飞过

《有云雀的麦田》是荷兰伟大的印象派画家梵高的作品。

画面画的是五月的麦田，画面以绿色为主色调，辅之黄色，整体色彩温暖、舒适。近处刚收割的麦地虽然留下了黄色的麦茬，但其间也不乏绿色，仿佛一块黄绿错杂的大毯子。画面的主体是未曾收割的麦子，麦子一株挨着一株，连成了一望无际的麦海向天边延伸，与辽阔的天空接在了一起。麦秆是绿色的，叶子也是绿色的，只有麦穗泛着淡淡的黄。一阵风吹来，麦田翻起了一层一层的绿波，淡黄的麦穗就像是金黄色的浪花。

天空中那大块大块的原本洁白的云朵，在太阳的照射下，被染成了金黄色、淡黄色，天空仿佛成了一个巨大的调色盘。

飞翔于天空之下、麦田之上的那只孤独的云雀，在天空与麦田的映衬下变成了深绿色的，如果不存细看，还真难以发现它呢！

伫立画前，注视着画面，我仿佛被绿色包围起来，不知不觉走进了画家笔下描绘的绿色的世界。身边是翠色欲滴的麦田，麦香夹杂着泥土的香味扑面而来，湿润的空气也似乎流动着绿色。我真想折一截麦秆做一只麦笛，吹一首清脆的乐曲。

“扑啦啦……”一只云雀从麦田深处顺着风向展翅飞起。我的目光落在它的身上，期待着第二只云雀、第三只云雀……飞起，但我的期望落空了。一望无边的麦田，广阔的天空，只有这一只云雀。这是一只多么孤独的云雀呀！这只云雀不正是画家梵高的化身吗？他是天才的画家，却无人赏识他的艺术作品。他把整个世界装在自己的内心深处，却孤独无依，患了抑郁症，住进了精神病院，还曾割下自己的一只耳朵。37岁时，才华横溢的梵高自杀身亡，给世人留下了难以弥补的遗憾。

我还在久久地凝望着《有云雀的麦田》，仿佛窥见了画家的内心世界。梵高永远地走了，但他留给后世的是一个多彩的艺术世界。

战争的噩梦

——品析达利的《内战的预兆》兼精彩作文

画家与画

《内战的预兆》是西方超现实主义绘画的代表作。超现实主义绘画的理论依据是柏格森的“非理性主义”哲学和弗洛伊德的“精神分析学”。它的重要特点是以写实的手法或近乎抽象的手法表现人的潜意识，呈现在观众面前的或是荒诞的情景，或是奇特而又近乎抽象的画面。《内战的预兆》这幅画中的主体形象是人体经拆散后重新组合起来的荒诞而又恐怖的形象，形似人的内脏的物体堆满了地面。所有这一切都是以写实的手法画出来的，具有逼真的效果。这显然不是现实的世界，而是像人做噩梦时所呈现的离奇而又恐怖的情景。

微教案

一、时代背景

1936年，法西斯德国在欧洲大陆疯狂扩张。2月，西班牙大选，左派政党联合组成的人民战线内阁获胜。受到德国纳粹与意大利法西斯党支持的佛朗哥将军领导的右派长枪会不承认选举结果，妄图挑起战端。达利敏锐地预感到内战的来临，心中无限担忧国家的命运，便创作了这幅画。

二、整体浏览

1. 这是一幅怎样的画？现实中有可能出现吗？（诡异、荒诞、超现实的噩梦）

2. 整个画面可以分为几个部分？

背景：晴朗的天空，荒芜的大地。

主体：撕裂的人体，零乱的内脏。

三、看画心情

1. 看画时，你是一种怎样的心情？（一场噩梦，恐惧、忧伤、愤怒）

2. 带着这种心情欣赏画面，你看到的又是什么？（血肉横飞的肢体，令人毛骨悚然的噩梦，画家对战争的控诉）

四、仔细观察

1. 观察画的主体部分，你看到了什么？（满脸痛苦的头颅，被拉扯的乳房，离体的臀部，粗壮的手臂……）

2. 最令你难以忘记的是哪一个部分？如硕大的乳房。

硕大的乳房
- 这是谁的乳房？
- 这个乳房曾经哺育过谁？
- 谁在蹂躏她？
- 看着这一幕，你的心情怎样？

教师作文

战争噩梦

这是哪一位伟大画家的杰作？你的巨作不用画纸，不用油墨，不用画笔，而直接用鲜活的父老乡亲、兄弟姐妹的残缺肢体，用殷红的血液，画在蓝天之下、大地之上！

你的大名叫战争，叫罪恶的战争，你以血腥的杀戮作画！画出这骇人听闻、惨绝人寰的一幕幕。

狰狞哭号的头颅，诡异的手臂，丑陋的下肢，活生生被拆卸下来的臀部，还有一只被拉扯的乳房，组成一个偌大的窗口。窗外是蓝天，是被硝烟染黄、熏红了的云朵，是荒芜的大地。窗下是一堆血腥的人体内脏，以及散落一地的马铃薯。

天哪！这不是画，是一场血肉横飞、尸骨四迸、令人毛骨悚然的噩梦啊！

那高耸云天的头颅是谁的呢？是我亲爱的母亲吗？她赤裸着身子，长发披散，温暖的身体被残忍地撕裂、肢解。她双目紧闭，剧烈的疼痛使她面部肌肉变形，脖颈扭曲，青筋暴突。她微张双唇，不知是在抗议，还是在咒骂、呻吟、哭泣。可是上帝装聋作哑，大地一片静谧！

那只粗壮的手臂，那鹰爪般锋利的手——好邪恶的手呀！你拉扯着母亲硕大的乳房，蹂躏着她，玷污她圣洁的躯体，这是对神圣母爱的亵渎！我们几万万儿女就是吮吸着她这圣洁的乳房的乳汁长大的呀。她用丰满的乳房哺育着这片土地上的花草树木、虫鱼鸟兽，哺育着我勤劳善良的父老乡亲。曾经，这片神圣的土地吮吸着她甘甜的乳汁，山河欢笑，树木繁茂，鸟语花香，人民幸福安康。而今呢？罪恶的手伸向她，她的乳房滴下的不再是洁白的乳汁，而是殷红的鲜血。天哪！山河在哭泣，大地在颤抖！

乡村婚宴

——品析勃鲁盖尔的《农民的婚礼》兼精彩作文

画家与画

彼得·勃鲁盖尔（约1525—1569年），是16世纪尼德兰地区杰出的现实主义画家。他一生以农村生活作为艺术创作题材，人们称他为“农民的勃鲁盖尔”。他善于思考，天生幽默，喜爱夸张的艺术造型，因此人们又叫他“滑稽的勃鲁盖尔”。他是欧洲美术史上第一位“农民画家”，同时也是荷兰画派的最后一位巨匠。

《农民的婚礼》是勃鲁盖尔表现农民生活的作品中最有名的一幅，它描绘的是16世纪欧洲乡间生活的一个迷人片段——喜宴时的热闹场面。地点看上去像一个谷仓，人们坐在用树干制成的简陋板凳上，围在长方形桌前就餐。《农民的婚礼》正面反映了农民平凡而温馨的生活，充满了真挚的情感。餐宴看上去还算丰盛，可仔细一瞧，那些盘子里的食物都只有薄薄一层，不知是面饼还是米粥。尽管如此，人们仍吃得津津有味，坐在地上的小孩吮吸着自己的手指，享受着这平日里难得遇到的“美味”。

微教案

一、生活回忆

1. 你平时参加过婚宴吗？
2. 评价一下你所参加过的婚宴。

二、整体浏览

1. 画家画的农民婚宴与你参加过的婚宴一样吗？（简陋，喜庆）

2. 画中的婚宴是在什么地方举办的？

3. 你看到了哪些人？（就餐的，端菜的，乐队……）

三、观察人物

1. 寻找新娘。

花冠下的新娘
- 穿着：头戴花冠
- 表情：微笑，陶醉
- 动作：双手交叠
- 内心：她会想什么呢

2. 最有趣的画面。

孩子
- 席地而坐
- 新衣，红帽子
- 津津有味，吮吸手指

四、身临其境

1. 看到这幅画你有什么感受？（热闹、喜庆）

2. 你听见了什么声音？（音乐、祝福、碰杯……）

教师作文

乡村婚宴

今年寒假，我回到万里之外的老家，参加了一次古朴而热闹的婚宴。

婚宴设在一个谷仓里，四周的墙上挂着稻穗、麦穗。当我走进婚宴现场时，仪式已经举行完毕，喜宴已经开席，宾客们坐在用木条搭成的简易椅子上，围着长方形的餐桌。好热闹、好嘈杂的场面呀，欢笑声、碰杯声、猜拳声、叫嚷声响成一片。

“菜来啦——”一声洪亮的叫嚷，人们都扭过头去看。抬菜的是两个年轻的小伙子，一个穿红衣，戴黑帽；一个戴红帽，穿蓝衣，系白围裙。他们都弓着身子，小心翼翼地抬着搁在木板上的菜肴。

美丽的新娘披着金色的长发，头戴花冠，坐在宴席中央的座位。她双手交叠放在一起，看到亲朋好友们喝得这么尽兴，她的脸上洋溢着幸福的笑容。此刻，她双目微闭，似乎脱离了喧闹的环境，独自陶醉在对新婚的憧憬与期待里。她的左边坐着两位神色镇定的老人，好像是新娘的父母或者是公公婆婆，脸上也洋溢着笑容。英俊的新郎坐在新娘的对面，正忙着接菜，脸上抑制不住幸福的笑容。

喜宴并不丰盛，没有大鱼大肉，没有山珍海味，都是农家人自己种的菜，自己磨的面，自己酿的米酒，但香气四溢。宾客们或大快朵颐，或细斟慢酌，无不吃得津津有味。你瞧，那个戴帽子的大汉，端起一杯酒，一饮而尽。他举着空杯，用舌头舔了舔嘴唇，乐呵呵地叫起来：“好酒，再来一杯！”

乐师们鼓着腮帮子，摇头晃脑地吹奏着《婚礼进行曲》，欢乐的音乐在古老的谷仓里回荡。那位穿红衣白裤，一脸络腮胡子的乐师，一定是被桌上的美味吸引住了，眼睛直勾勾地盯着抬上桌的菜肴，竟忘记了与同伴合奏。

胖胖的兑酒师把孩子也带来了，他把大瓮的酒倒到小瓮里，再送到宴席上，忙得不亦乐乎。孩子席地而坐，头戴一顶特大号的红帽子，脑后插着一根五彩的孔雀翎毛，很可爱。孩子一只手拿着从桌上撤下的残菜，一只手抓着吃，一定是太好吃了，吃完了还不解馋，竟然吮吸起自己的手指来，享受着这顿平日里难得遇到的美味。

农民的婚宴虽然没有设在豪华的五星酒店，也没有高档的餐具，更没有名贵的山珍海味，但一样热闹，一样隆重。这不，宴席还在进行着，前来贺喜的人络绎不绝。在谷仓的门口，还有好多人想拥进来凑个热闹呢。

渔夫一家

——品析夏凡纳的《贫穷的渔夫》兼精彩作文

画家与画

皮埃尔·皮维·德·夏凡纳（1824—1898 年），生于法国里昂，早年学理工，因病中断学业。后来夏凡纳随他人去意大利游历，为那里的美术藏品所激发，立志学画。夏凡纳是 19 世纪法国象征主义画派的代表之一，他的画在当时有很高的声誉。

《贫穷的渔夫》是独具画家个人画风的象征主义代表作，影响甚巨。远景是晴朗的天空，一抹远山，辽阔的湖面；近景是湖畔的草地，一只木船，一根高高的斜木立于船中，吊着沉于水中的渔网。渔夫面容憔悴，站在小舟上闭目低头，仿佛在祷告，期盼能有丰足的收获。河岸上渔夫的妻子跪在地上采摘野花，襁褓中的小婴儿在旁边安静地睡着。画家描绘的是一幅荒凉的图景，寄托着对社会底层劳动者的同情与怜悯。

微教案

一、读词《渔歌子》

渔歌子

唐·张志和

西塞山前白鹭飞，
桃花流水鳜鱼肥。
青箬笠，绿蓑衣，
斜风细雨不须归。

二、整体浏览

1. 画面可以分为几个部分？（远景：远山、湖水；近景：草地；人物：渔夫、妻子、婴儿）

2. 画中的渔夫与古诗《渔歌子》中渔夫的心情一样吗？

三、观察渔夫

贫穷的渔夫
- 衣衫褴褛
- 消瘦，头发蓬乱，胡子拉碴
- 直立船上，双手交叉，低着头
- 表情忧郁

四、身临其境

1. 假如你从渔夫身边走过，你会向他投去怎样的目光？

2. 渔夫能捕到鱼吗？

教师作文

渔夫一家

天空晴朗，一抹远山静静地卧在辽阔的江畔。一江碧水清澈见底，泛着粼粼的波纹，阳光在水面上跳跃着，欢笑着。

岸边停着一只小木船，空荡荡的，只站了一个穿着破烂的渔夫。渔夫是一个三十多岁的年轻人，因为生活的困窘显得很沧桑。他身材消瘦，头发蓬乱得像一个鸡窝，满脸胡子。他熟练地将渔网沉入水中，水面漾起了一圈又一圈波纹。渔夫呆呆地站着，弓着身子，双手交叉于胸前，漠然地垂着双眼，一脸虔诚地喃喃低语。他准是在祷告：鱼儿呀，渔网里是一个美丽的世界，快快进来吧；他准是在祷告：上帝呀，开开恩吧，让我捕一条金鱼，然后放生它，它再报答我很多金银财宝；他准是在祷告：哪路神仙能使个魔法，让鱼儿们争先恐后地自投罗网，我们家已经穷得快揭不开锅了……

河岸是一片绿茵茵的草地，小草们欣欣然睁开了眼。五彩的野花，这儿一丛，那儿一簇，招展着，摇曳着，欢笑着。那个摘花的妇女一定是渔夫的妻子吧，她虽然与渔夫一样消瘦，穿着同样破烂，还赤着脚，但她衣着整洁，面目清秀，目光中流露着温柔与和善。那个裹着红色床单在花丛中安然入睡的一定是他们的儿子。小家伙刚学会走路，夫妇俩无论走到哪里，总是将他带在身边。孩子白白胖胖的，很健康，很可爱。年轻的妈妈看了一眼躺在阳光里，躺在花香中，恬然睡着、呼吸均匀的孩子，脸上漾起了一丝甜蜜的笑容。她轻轻地吻了一下宝贝，把一束小花放在他的身边，祝他做个好梦。

阳光暖暖地照着，渔夫依然静默地站在木船里。小船的影子倒映在江面，水草在轻轻地摇晃，就是不见一只鱼儿游过……

第五篇

复活，画中神话

画家以写实的笔法塑造神话中的人物形象，又以浪漫的笔触构思神话故事的神奇情节。

创造亚当

作者：（意大利）米开朗基罗·博纳罗蒂

时间：1510 年

类型：壁画，油彩

藏址：梵蒂冈西斯廷教堂

春

作者：（意大利）桑德罗·波提切利

时间：约 1482 年

类型：壁画，蛋彩·木版

藏址：意大利佛罗伦萨乌菲齐美术馆

俄狄浦斯和斯芬克斯

作者：（法国）居斯塔夫·莫罗
时间：1864 年
类型：布油彩
藏址：美国纽约大都会艺术博物馆

圣乔治大战恶龙

作者：（意大利）拉斐尔·桑西

时间：1504—1506 年

类型：木版油画

藏址：法国巴黎卢浮宫博物馆

劫夺欧罗巴

作者：（意大利）提香·韦切利奥

时间：1559—1562 年

类型：布面油画

藏址：美国波士顿伊莎贝拉·斯图尔特·加德纳博物馆

帕里斯的评判

作者：（法国）克劳德·洛兰

时间：1645—1646 年

类型：版上油画

藏址：美国华盛顿国家美术画廊

维纳斯的诞生

作者：（意大利）桑德罗·波提切利

时间：1485 年

类型：画布上蛋彩

藏址：意大利佛罗伦萨乌菲齐美术馆

西斯廷圣母

作者：（意大利）拉斐尔·桑西

时间：1513—1514 年

类型：油彩画布

藏址：德国德累斯顿国家艺术收藏馆

诱拐海伦

作者：（意大利）圭多·雷尼

时间：1627—1629 年

类型：油画

藏址：法国巴黎卢浮宫博物馆

奥菲莉亚

作者：（英国）约翰·埃弗里特·米莱斯

时间：1851 年

类型：布面油画

藏址：英国伦敦泰特画廊

舟发西苔岛

作者：（法国）让·安东尼·华多

时间：1717 年

类型：布油彩

藏址：法国巴黎卢浮宫博物馆

最后的晚餐

作者：（意大利）列奥纳多·达·芬奇

时间：1495—1498 年

类型：油画

藏址：意大利米兰圣玛利亚德尔格契修道院

回望人之初

——品析米开朗基罗的《创造亚当》兼精彩作文

画家与画

米开朗基罗·博纳罗蒂（1475—1564 年），意大利文艺复兴时期伟大的绘画家、雕塑家、建筑师和诗人。

1508 年，米开朗基罗被迫接受创作西斯廷教堂屋顶壁画的任务，当时他的心情是悲愤的，但谁也没料到，此壁画后来成为他平生最好的杰作。这幅壁画面积达 500 平方米左右，是美术史上最大的壁画之一，内容取材于《圣经》中有关开天辟地、洪水方舟的故事。这幅巨型壁画历时 4 年多才完成。长期仰面艰苦作画，导致米开朗基罗脖颈僵直，看书信都要置于头顶仰视。《创造亚当》是整个壁画中最动人心弦的一幕，画面没有直接画出上帝创造亚当，而是画了神圣的火花即将触及亚当这一瞬间：从天上飞来的上帝，将手指伸向亚当，正要像接通电源一样将灵魂传递给亚当。这一戏剧性的瞬间，将人与上帝奇妙地并列起来，触发我们对生命的无限敬畏感。

微教案

一、故事背景

根据西方宗教传说，世界是上帝创造的。上帝第一天创造了光，第二天创造了空气，第三天创造了陆地和花草树木，第四天创造了日月星辰，第五天创造了虫鱼鸟兽，第六天，上帝用地上的尘土造人，将一口气吹进泥人的鼻孔里，泥人就成了有灵气的活人。上帝创造的第一个人名叫亚当。

二、浏览画面

1. 认识画上的人物。（被天使簇拥着的上帝，侧卧的亚当）

2. 观察画面背景。（茫茫太空，荒凉的地球）

三、观察人物

1. 上帝他们从哪里来？乘坐什么工具？他们看到了什么景色？（天外飞来，像切开的半个苹果的水红色的飞船，白云、彩霞）

2. 观察上帝。

智慧的长者：
- 身材健硕
- 鹤发童颜，双目炯炯有神
- 身着水红色的纱衣

3. 他们飞临地球时，发现了什么？（有美丽的山川、河流，却没有生命）

4. 画中亚当的形象有什么特点？（身材魁梧，目光中充满了对力量与智慧的渴望）

四、身临其境

1. 假如你在现场，你会听见他们说了些什么话？

2. 上帝的手与亚当的手接触的那一瞬间，发生了什么奇迹？

教师作文

回望人之初

也不知道离现在有多少年了，只知道是很久很久以前的事。

在苍茫的太空，一个红色的贝壳形的物体从辽远的天际缓缓飞来。

原来是一艘美丽的飞船呀。船舱里，一群美丽的天使簇拥着一位体格健硕的长者，笑语飞扬。长者身材魁梧，裹着水红色的纱衣，白发银须。虽说他是个老者，但神采奕奕，浑身充满着力量，眼睛炯炯有神，好像深藏着无限的智慧。他，就是被人类敬仰的至高无上、无所不能的上帝。

贝壳船舱之外，幽远的太空空无一物，没有时间，没有空间。偶尔倏然划过的一颗流星，把这一艘红色的飞船衬托得更加孤单。天使们停止了说笑，上帝不由得皱紧了眉头，船舱里一片宁静。浩瀚的广宇为何如此悠远，悠远得令人茫然？为何如此沉寂，沉寂得令人心慌？

飞船像一叶孤舟，漫无目的，不知要飘向何方……

“快看，那是什么地方？”一个天使惊叫起来。

上帝舒展了眉头，飞船的下方是一个晶莹透亮的星球，蓝色和白色的纹痕相互交错，周围裹着一层薄薄的水蓝色纱衣。上帝兴奋地叫起来：“孩子们，那是地球呀，是我苦苦寻觅的一方乐土，今天终于找到了！”

“有人吗？”天使们冲着地球喊。

天使侧耳聆听，无人回答，只有天使的回声在浩瀚的广宇响着。

上帝让飞船飞临地球。啊，好美丽的星球！巍峨的山峰，蓝色的大海，碧绿的大地，参天的古木，遍地的鲜花，这比天堂还美呀。如果拥有了生命，那更是锦上添花。上帝随手抓起一把泥土，按天使的模样捏了一个泥人，朝泥人的鼻孔轻轻吹了一口气。啊，地球上的第一个人诞生啦！上帝给他起了个好听的名字叫亚当。

红色的飞船飞离地球。

亚当慵倦地斜卧在一个山坡上，缓缓地睁开惺忪的双眼，忽然，他好像发现了什么，大声地对着天空喊：“主啊，你还没有赐给我力量和智慧呀！”

上帝恍然记起，飞船返回。

“伸出你的手来，我的孩子。”上帝也把手伸向了亚当。

亚当的手指轻触到上帝的手指，好像有一股神圣的灵气流过全身的血脉、经络。亚当一跃而起，刹那间，他感觉自己浑身是劲，心旷神怡，眼前豁然开朗！

“祝你在地球上生活快乐！”天使们微笑着向亚当挥手告别。

“谢谢上帝赐给我生命，赐给我智慧！”亚当站在灿烂的阳光里目送着渐渐远去的红色飞船……

春天的盛会

——品析波提切利的《春》兼精彩作文

画家与画

桑德罗·波提切利（1445—1510 年），15 世纪末佛罗伦萨的著名画家，欧洲文艺复兴早期佛罗伦萨画派的最后一位画家，意大利肖像画的先驱。

《春》的内容取材于诗人波利切诺的诗歌。在波提切利所处的时代，艺术家们关心的人物都是以男性为主，而这幅画以恢宏的气势赞颂女性的美与优雅。画面的情节是在一个优美而宁静的树林中展开的，正中间是爱与美之神维纳斯，她不仅代表爱和美，也代表大自然中拥有一切的繁衍力量。飘浮在树林上方的是爱神丘比特。最右侧的西风之神捉住山林之神克洛丽斯。维纳斯的右边是美惠三女神，她们在无限春光中翩翩起舞。最左边的是众神的使者墨丘利，他正要转身，似乎说明季节正要转入夏天了。

这幅作品通过不同人物的组合，描绘出生机盎然的景象，生命在此时焕发出动人的光辉。

微教案

一、给画起名

1. 这是意大利文艺复兴时期画家波提切利的一幅名画，如果让你给这幅画起名的话，你想起个什么名字？

2. 画中画的是什么季节？从哪儿表现出来的？（春天；到处是鲜花，人物穿着春衣，画面表现出春天的快乐）

二、交流有关“春”的诗句

1. 长恨春归无觅处，不知转入此中来。（白居易《大林寺桃花》）

2. 等闲识得东风面，万紫千红总是春。（朱熹《春日》）

3. 草树知春不久归，百般红紫斗芳菲。（韩愈《晚春二首·其一》）

三、认识画面人物

从左至右分别是众神使者墨丘利、美惠三女神、维纳斯、花神、山林之神和西风之神，空中飞翔的是爱神丘比特。

四、欣赏画面人物

1. 逐一观察画面人物。

维纳斯：微笑，穿着华丽的丝绸。

花神：穿着花衣，戴着花冠、花环，撒花瓣。

山林之神：口衔橄榄枝。

西风之神：穿着蓝衣，追逐山林之神。

美惠三女神：穿薄纱，牵手舞蹈。

众神使者：披红绸，拨动果实。

爱神：蒙眼，射箭。

2. 想象人物在干什么。

（1）维纳斯向美惠三女神送去祝福。

（2）丘比特向美惠三女神之一射出爱情之箭。

（3）西风之神与山林之神追逐。

3. 讨论。

画中的女性都怀孕了，你知道画家这样画的寓意吗？（春天是生命孕育、繁衍的季节）

五、描述画面

结合自己的想象详细描述画面内容。

教师作文

春天的盛会

春天已经来临，一片花木葱茏的树林安宁而静谧。一群美丽的春之使者款款而来。

爱与美之神维纳斯来了，她披着金发，穿着白色的丝绸长裙，长裙外罩着一件蓝底红面的长袍，气质高贵。她脸上带着腼腆的笑容，苗条的腰身明显地隆起，显然是怀孕了。是呀，春天是孕育生命的季节啊！这不，小河也从沉睡中醒来了，小鸟破壳而出，花蕾在高高的枝头颤动着，散发出生命的气息。

同样挺着大肚子的花神迈着轻盈的脚步赶来了。她头戴花冠，颈上套着七彩花环，身穿绣着各色花朵的连衣裙，衣兜里装着五彩缤纷的花瓣。花神一边走一边从兜里抓起花瓣撒向四处，到处花团锦簇，蜂喧蝶舞。花儿飞上了枝头，飞落到草地，飞进了小河，飞到了孩子们的脸上，也飞到了大人们的心坎上。披着蓝袍的西风之神鼓着腮帮一边向春天吹风，一边追逐美丽的山林之神。山林之神身穿轻薄的纱裙，扭头朝西风之神狡黠一笑，吐出的气息变成一根绿色的橄榄枝，祝愿又一个春天的到来，祝愿世界和平。

温暖的阳光透过树林的缝隙如梦幻般洒在铺满花瓣的草地上，优雅端庄的美惠三女神也赶来了。她们身穿洁白的薄纱，呈现出丰满身材的曲线美，充满了青春的气息。美惠三女神手牵着手翩翩起舞。春风吹过树梢，拉动风琴为她们伴奏，小草微微摆动细长的身子为她们伴舞，维纳斯挥动右手为她们祝福。树林的上空是可爱的丘比特，他蒙住双眼，手持爱神之箭，射向优雅端庄的美惠三女神之一。女神得到爱情的鼓舞，跳得更加欢快了，她们那优雅轻柔的舞姿，令人目不暇接。周围的花草树木都醉了，醉在了春风里，醉在了花香中。

身材魁梧的众神使者墨丘利头戴插有双翼的帽子，脚蹬飞行鞋，腰挎象征英雄的佩刀，披一条红绸，裸露着健美的肌肉。他走到树林的一边，背对着其他人，抬起手中的魔杖拨开头上的繁枝茂叶。啊，树林上方是一片阳光灿烂的天空，夏天正跨着大步匆匆而来。

凝视着画面，我们不必“长恨春归无觅处”，这里不仅有鲜花，更有生命之美唤起的人们对美好生活的向往，它告诉我们：“爱从美开始，终结于欢心。”

死亡谜语

——品析莫罗的《俄狄浦斯和斯芬克斯》兼精彩作文

画家与画

居斯塔夫·莫罗（1826—1898年），法国象征主义画家。莫罗的绘画主要从基督教传说和神话故事中取材。正是出于这个原因，莫罗的绘画作品中常常包含着文学要素，因此莫罗被同时代的象征主义作家和艺术家尊为先驱。

莫罗从小体弱多病，一直和父母生活在巴黎市中心的私人宅邸里。莫罗前半生几乎与社会隔绝，他为了艺术选择了孤独的生活。在他生命的最后阶段，孤独的莫罗决心创建一座自己的美术馆留予后人。为此他坚持不卖画，慢慢地积累和收集自己所有的作品，并把自己的家一点一点改建成了美术馆。

《俄狄浦斯和斯芬克斯》是莫罗的代表作，故事来源于希腊神话。画面以耸立的山峰做背景，描绘了恶怪斯芬克斯挡住英雄俄狄浦斯的去路，英雄以坚定、怒视的目光看着恶怪，预示着将发生智慧与勇气的较量。画面的前景露出一只丧命的路人的脚，暗示着以往发生的悲剧。

微教案

一、神话故事

俄狄浦斯是希腊神话中的英雄。斯芬克斯是一头狮身人面兽，把守在通往忒拜城的路上，强迫过往的行人猜出它的谜语。如果对方无法解答，它便将对方撕裂吞食，已经有好多人死于非命。俄狄浦斯决心拯救忒拜城，他接受挑战，勇敢地爬上悬崖，找斯芬克斯猜谜语，斯芬克斯出的谜语是“什么动物早晨四只脚，中午两只脚，下午三只脚”。俄狄浦斯回答说：“人！”答案是正确的。斯芬克斯输了，请求英雄的宽恕。

二、整体浏览

1. 画面画的是故事的哪一个情节？

2. 画面可以分为哪几个部分？

背景：大海。

近景：悬崖峭壁。

人物：俄狄浦斯、斯芬克斯。

3. 看画时的心情怎样？

三、重点观察

整幅画中最让你挥之不去的画面是什么？如俄狄浦斯。

俄狄浦斯
- 身材：伟岸、俊朗
- 目光：愤怒、可怜
- 动作：手持长枪

四、身临其境

1. 假如你置身画里，你看见故事发生的整个过程了吗？

2. 他们是怎样对话的？

3. 故事有什么样的结局？

教师作文

死亡谜语

古老的忒拜城背山面海，只有一条蜿蜒的山路通往城邦，山路两旁是悬崖峭壁。可谓一夫当关，万夫莫开！

灿烂的阳光下，一位英俊的王子扛着一杆银枪向忒拜城走来。因为天气炎热，他摘下了头盔，脱下了铠甲，露出健美的臂膀。王子俊朗潇洒，皮肤白皙，长发飘逸，眉宇间透着一股英气。他一边走，一边欣赏沿途的风景。山花灿烂地开着，鸟儿在枝头欢快地歌唱。

“站住！”忽然一声断喝，王子吓了一跳，循声望去，拦路的是一个美艳妖冶的姑娘。王子愣住了，天哪！这竟是一个妖怪，虽有人类的脑袋，清秀的脸庞，端正的五官，可竟是狮子的身子，背后还长着一对翅膀！

王子问：“你想干什么？”

“很简单，我有一个谜语，你若能猜出，就可以从此路通过，若猜不出的话，可就别怪我不客气，我要吃了你！”女妖一脸傲慢，美丽的眼睛里闪着逼人的凶光。

“谜语？”王子摸了一下后脑勺。

“是的，要知道到现在还没人能猜出来呢！”女妖狡黠地一笑。

来者不善！

女妖的身旁是一座古老的灯塔，这本是为海上的船只导航的，现在却盘绕着几条吐着信子的毒蛇。悬崖边鲜血淋漓，散落着被女妖杀害的人的断臂残肢。王子怒目圆睁，决定为民除害，他说：“你出谜面吧！”

“什么动物早晨四只脚，中午两只脚，下午三只脚？”

“人！”王子不假思索地回答，“婴儿时期是人生的早晨，用四肢爬行；成年是人生的中午，用双脚走路；老年是人生的下午，要借助拐杖走路，便是三足。”

“啊！”女妖惊叫一声，仿佛中了魔咒，脸色苍白，浑身发抖。她或许是觉得死期将至，连忙张开翅膀扑到王子的身上，仰头望着王子，目光中流露出无限的哀怜，祈求王子的宽恕。

王子后退了一步，身子紧挨着峭壁，手握紧了枪杆，犀利的目光直逼女妖。

“你恶贯满盈，那些被残害的冤魂是不会原谅你的！”王子说着，双手抱起女妖朝悬崖下摔去……

玫瑰与书香

——品析拉斐尔的《圣乔治大战恶龙》兼精彩作文

画家与画

1504年，英国国王亨利七世授予拉斐尔故乡的乌尔比诺公爵以“嘉德勋章”。公爵为了答谢英王，请拉斐尔绘制一幅歌颂英国守护神圣乔治的小型图画，并要求他在画中把圣乔治画成杀死恶龙的嘉德骑士。拉斐尔共绘制了两幅表现圣乔治与恶龙格斗的油画，我们所见的是其中一幅。

《圣乔治大战恶龙》画面上人与兽正在激战，圣乔治松开马缰，举起利剑，正要给恶龙以致命的一击。地上散落着断成数截的长矛，显示出搏斗的激烈。右边脱离了危险的公主穿过荒石仓皇奔逃。左边可见几株纤细的树干，被击败的恶龙的身躯在树干的衬托下显得格外醒目。

微教案

一、简述故事

在一个临海的国家，有一条可怕的恶龙，它恫吓人们要用呼出来的毒气毒死所有的人，除非人们按照它的要求提供食物。恶龙胃口大得出奇，每天要吃掉两只羊。最后，这个国家中的羊及其他牲畜都被它吃光了，它又要求吃少男少女，人们迫于无奈，只好把自己的儿女送去喂恶龙。

不久，王国的少男少女都被恶龙吃掉了，只剩下了国王的一个女儿。国王无可奈何，只好把公主送到恶龙盘踞的洞口。当公主在洞口伤心地流泪时，年轻的骑士圣乔治驱马经过。公主把自己的境况告诉了骑士，乞求他救自己一命。圣乔治欣然答应，他策马冲上前去，用长矛刺死了恶龙。

恶龙的鲜血催开遍地玫瑰。圣乔治采了一束玫瑰送给公主，公主回赠给圣乔治一本厚厚的书。

二、浏览画面

1. 画面中主要有谁？（圣乔治、公主、恶龙）

2. 画中描绘的是什么时间？什么地点？都有哪些景物？（晴朗的春晨，海边的山地，树木一片新绿）

三、观察形象

1. 评价圣乔治。

英武的圣乔治：
- 跨白马
- 着铠甲
- 挥大刀
- 救公主

2. 评价恶龙。

恶龙：
- 凶悍：地下散落着断成数截的长矛
- 可怜：神态，好像在向圣乔治求饶

3. 评价公主。

神态——惊恐。

四、想象对话

1. 公主遇见圣乔治时，会怎样向他求救？

2. 公主得救后，他们会说些什么话？

教师作文

玫瑰与书香

温暖的阳光轻轻地洒下，山花悄悄开放。

年轻的骑士圣乔治骑着白马行走在山路上。好英俊的骑士呀，阳光洒在他的头盔上、铠甲上，闪着点点金光。他披着一件深绿色的披风，脚蹬长靴，腰挎大刀，手握长矛。他轻抿嘴唇，露出一丝得意的微笑，刚毅的脸庞泛着红光。

“救命呀，救——”忽然从不远处传来撕心裂肺的呼救声。听声音，显然是一个弱女子遇到麻烦了。“驾——”圣乔治猛拍一下马屁股，白马风驰电掣般飞奔而去。

好家伙，是一条恶龙在欺负一位美丽的公主！恶龙浑身黑色，伸着猩红的舌头，吐着令人作呕的口水，张牙舞爪地扑向公主。公主早已吓得脸色苍白，她双膝跪地，用颤抖的声音连连求饶。

“杀——”圣乔治怒向胆边生，一声断喝，宛如晴天霹雳，长矛直指恶龙的咽喉。恶龙收起魔爪，露出凶残的目光，翘起粗壮的尾巴，向前扑来。“哗啦啦……”圣乔治的长矛被折作几段，散落在地上。说时迟，那时快，“杀——”圣乔治挥动大刀砍向恶龙的咽喉，刹那间，鲜血如泉涌一般，染红了蜿蜒的山路。忽然，奇迹发生了，恶龙鲜血流过的地方，一株株玫瑰破土而出，瞬间绽放出一朵朵红艳艳的玫瑰花……

一脸惊喜的圣乔治转头望向公主，好漂亮的公主呀，身着红衣，宛如盛开的玫瑰花，白净的脸颊泛着淡淡的红晕，一双清泉般的眼睛已从极度的恐惧中回过神来，满含深深的感激。圣乔治翻身下马，采了一束玫瑰花，微笑着向公主走去。公主接过玫瑰花，嘴角漾起了一丝幸福的笑容。来而不往，非礼也，公主从怀里掏出一本厚厚的书籍回赠给圣乔治，并冲着他嫣然一笑，捧着玫瑰花转身跑开了……

望着公主的倩影融入红艳艳的玫瑰花海，圣乔治跃马挥鞭追了上去……

美丽被诱拐后

——品析提香的《劫夺欧罗巴》兼精彩作文

画家与画

提香·韦切利奥（约1490—1576年），意大利文艺复兴后期威尼斯画派的代表画家，有“金色的提香”之称。他出生于意大利阿尔卑斯山地区的卡多列，其早期作品受拉斐尔和米开朗基罗的影响很深。

提香在威尼斯画坛独步一时，有着极高的艺术成就，不仅受到同时代人的极大仰慕，对后世人们的绘画创作影响也很大，他的构图为人们提供了无尽的灵感。他发展了威尼斯画派的绘画艺术，把油画色彩、造型和笔触的运用提到一个新阶段，在油画技法上对后期欧洲油画发展有较大影响。提香的艺术魅力受到上层社会的青睐，他被选上威尼斯官方画师，但他对此并不感兴趣，委婉地拒绝了这份高俸厚禄。在美术史上，提香可以说是第一位不依附于统治者的画家。

《劫夺欧罗巴》取材于希腊神话故事。画家着意于表现欧罗巴被劫持时的紧张。欧罗巴由于紧张一手紧紧抓住牛角，仰面的身体呈自然的袒露，女神的紧张和挣扎与天空中飞翔的小天使形成呼应。画家运用流畅的笔触和丰富多变的色彩，使画面呈现出欢乐热情的气氛。

微教案

一、讲述故事

欧洲是欧罗巴洲的简称，“欧罗巴”一词据说最初来自腓尼基语的“伊利布”一词，意思是“西方日落的地方”或“西方的土地”。

关于欧罗巴洲的名字，有一个神奇的传说：在希腊神话中，有一位美丽的公主名叫欧罗巴，天神宙斯爱上了她。有一天，欧罗巴在海边放牛，宙斯将自己变成一头牛，混在牛群中欲图接近欧罗巴。由于宙斯变的牛很有风度，很讨人喜爱，在朋友的怂恿下，欧罗巴便骑了上去。就这样，宙斯带着欧罗巴飞奔而去，横渡爱琴海，来到一片美丽的大陆。宙斯非常喜欢欧罗巴，就把这个大陆命名为“欧罗巴”，即现在的欧洲。

二、浏览画面

1. 依序观察。

地点：碧波荡漾的大海。

时间：天边布满火红的早霞。

近景：白色的水牛，呼救的欧罗巴，天空中飞翔的天使。

远景：岸边惊讶万分的女伴们。

2. 请说说画上发生的事。

三、名画欣赏

1. 仔细观察画面，你听见了什么？（海浪、风声、呼救声、公牛的叫声）

2. 观察公主欧罗巴。

表情：失魂落魄，大声呼救。

穿着：披着白纱，挥着红绸。

动作：仰面躺在牛背上，拽着牛角，紧闭着双眼。

3. 观察公牛。

表情：神态自若。

动作：踏浪飞奔。

心理：暗自得意。

四、想象“画”前“画”后

1. 事情发生之前，欧罗巴与女伴们在做什么？她们是怎么发现这头不一样的牛的？

2. 想象一下事情的结果。

教师作文

美丽被诱拐后

美丽的爱琴海，烟波浩渺。朝阳洒在海面，跳跃着点点金光，泛着迷人的光彩。成群的海鸟在海面上嬉戏。

海边碧草如茵的牧场上点缀着各色的野花，一群牛儿或在津津有味地吃草，或在快乐地撒欢。牧牛的是美丽的欧罗巴和她的伙伴们。欧罗巴倚在一头母牛旁，轻轻地挥舞着牧鞭，快乐地唱着歌。

不远处，天神宙斯出神地望着欧罗巴，为她的美貌所倾倒，深深地爱上了她。怎么向她表白自己的爱慕之心呢？宙斯多想捧一束玫瑰花献给她。宙斯心中清楚，姑娘是不会愿意和神结合的。这可怎么办呢？宙斯终于想出一个办法。他摇身一变，变成了一头健壮的白色公牛，悄悄地靠近欧罗巴。多么美丽的白公牛呀，平时怎么都没有发现呢？英武的身材，膘肥体壮，再加上炯炯有神的目光、柔顺而洁白的毛发，真让人喜欢。更有意思的是，公牛居然温柔地躺在欧罗巴的脚下，大眼睛深情地望着欧罗巴。欧罗巴不由自主地抚摸着公牛。“骑上它吧，欧罗巴！”同伴们纷纷提议。

欧罗巴禁不住大家的怂恿，小心翼翼地骑上牛背。说时迟，那时快，公牛忽然站了起来，驮着欧罗巴风驰电掣般地飞奔而去……

“啊——”欧罗巴被这突如其来的变故吓坏了。她仰面躺在牛背上，贴身的薄纱衣被风吹起，裸露出丰满的身体。她一手紧握着牛角，一手挥舞着红绸，拼命地挣扎着。公牛背着欧罗巴越跑越快，离开了草地，跳入海中。“沙沙沙……”公牛踏在碧波上溅起了一串串洁白的浪花。游着，游着，公牛突然快速地向海的深处游去。它迎着大海的滚滚波涛，如同在平原上奔跑。欧罗巴紧闭双眼，风从耳边吹过，浪打湿了裙角。

天使早就认出了宙斯，他们手持爱神之箭，一边飞翔，一边欢笑。欧罗巴的同伴们望着眼前的一幕惊呆了。

风停了，欧罗巴从公牛背上滑落下来。她睁开双眼，发现自己被可恶的公牛驮到一片森林里。欧罗巴愤恨地诅咒着那头诱拐她的公牛。突然，她听到背后传来一阵低低的笑声。欧罗巴惊讶地回过头去，她看到一位女神站在面前，嘴角露着微笑，对她说：“欧罗巴，你应该感到高兴，把你带到这儿来的人是宙斯。你现在成了女神，你的名字将与世长存，从此，这块大陆就以你的名字命名，称作欧罗巴吧！”

金苹果属于谁

——品析洛兰的《帕里斯的评判》兼精彩作文

画家与画

克洛德·洛兰（1600—1682 年），法国古典主义风景画的奠基人。他出生在法国，自幼家境贫寒，对艺术的热爱及个人的艺术天赋促使他前往意大利罗马，并拜当地一位著名的画家为师，开始学习绘画。他在美术史上的突出贡献是把风景画提升到了主要的位置，并开创了一种崭新的艺术风格。

《帕里斯的评判》取材于希腊神话故事：英雄阿喀琉斯举行婚礼，许多神仙都应邀而来。纷争女神由于没有受到邀请而怀恨在心，她把一个金苹果扔在桌子上，上面刻着一行字："送给最美丽的女神。"天后赫拉、爱与美之神阿芙洛狄特和智慧女神雅典娜都想得到这个金苹果，并为此争吵不休。于是，宙斯请正在牧羊的特洛伊王子帕里斯来做评判。

画家把故事场景安排在美丽、幽静的山谷里，在一棵大树的衬托下，帕里斯与三位女神以及爱神丘比特各具风采。这里表现的是评判开始的一瞬，天后赫拉正在与帕里斯讲条件，阿芙洛狄特与爱神丘比特站在一边，雅典娜独自坐在一块石头上，帕里斯则斜坐在岩石上。

微教案

一、简述故事

介绍画中的故事。

二、观察画面景物

1. 时间：可能是早晨，太阳刚升起；也可能是黄昏，夕阳西下。

2. 远处景色：重峦叠嶂，小河蜿蜒。

3. 近处景色：山谷、大树、峭壁、瀑布、羊群。

三、观察画面人物

1. 认识人物。（帕里斯、天后赫拉、爱与美之神阿芙洛狄特、智慧女神雅典娜、爱神丘比特）

2. 逐一观察画面人物。

帕里斯：裹着一块红绸，斜坐在岩石上，注视着天后赫拉。

赫拉：穿红衣，围着蓝裙。

阿芙洛狄特：优雅地站着，围着白纱，丘比特站在旁边。

雅典娜：坐在后面的岩石上，托腮。

四、想象评判过程

1. 帕里斯以何种方法评判各位女神谁最美丽？

2. 女神们怎样向帕里斯展示自己的美丽？

教师作文

金苹果属于谁

太阳刚刚升起，远处的小山静静地站着，蜿蜒的小溪在朝阳中仿佛披着一件粉色的纱衣。天空湛蓝，大块的云朵被阳光镶上一圈金边儿，飘浮的云彩变成了金丝儿。近处峭立的悬崖、飞泻而下的瀑布、枝繁叶茂的大树、充满诗情画意的山谷都披上了一层金色的阳光。

英俊的特洛伊王子帕里斯手持牧鞭一边放羊，一边唱歌，嘹亮的牧歌在山谷间回荡。一群羊儿沐浴在清晨的阳光下，有的追逐，有的安静地卧着，有的津津有味地品尝着鲜嫩的青草。

天后赫拉、智慧女神雅典娜和爱与美之神阿芙洛狄特飘然而来。她们今天参加在奥林匹斯山举行的一场婚宴时，纷争女神把一个金苹果扔在桌子上，上面刻着一行字：“送给最美丽的女神”。赫拉、雅典娜和阿芙洛狄特都认为自己是最美的，都要抢金苹果。天神们无法判决，宙斯只好请正在牧羊的帕里斯来做评判。

帕里斯斜坐在一块岩石上，手上托着金光闪闪的金苹果，仔细地欣赏着三位女神的容貌。今天帕里斯算是大开眼界了，他可从来没见过这么美的女神。天后赫拉身穿红蓝衣裙，仿佛蓝天捧出一轮初升的太阳。爱与美之神阿芙洛狄特身披洁白的轻纱，宛若出水芙蓉。她的儿子爱神丘比特依偎在她身边，一双水汪汪的眼睛不住地看着帕里斯。智慧女神雅典娜静静地坐在一旁的石头上，托着下巴似乎在沉思着，一缕金色的阳光投射在她白皙的皮肤上，她的身上散发着少女的魅力。当帕里斯的目光逗留在一个女神身上时，他似乎觉得她是最美的，然而当他的目光落在另一个女神身上时，又觉得另一个更美……

这时，赫拉开始主动出击，她对帕里斯许诺说："我是天后，有无上的权力，如果你判我最美，我会让你成为天下最富有的国王。"

帕里斯动了动嘴唇，正要做出评判。

"嘻嘻……"传来一阵银铃般的笑声，雅典娜走过来说："帕里斯，我是智慧女神雅典娜，你要是说我最美，我就让你成为天下最聪明的人！"

帕里斯张口正想说雅典娜最美，阿芙洛狄特扭动着腰肢向他走来，含情脉脉地诱导他："亲爱的帕里斯，你现在已经是王子，国王的位子早晚是你的。你现在已经是天下最聪明的人了，要不宙斯怎么会请你来评判谁最美？你现在缺少的是美丽的女人。如果你说我是天上人间最美的女神，我将给你人间最美的女人。"

阿芙洛狄特的话说到了帕里斯的心坎上，是啊，自己不是梦寐以求娶一个如花似玉的妻子吗？帕里斯不再犹豫，把金苹果送给了爱与美之神——阿芙洛狄特。

阿芙洛狄特手捧金苹果，头顶最美的桂冠，光彩照人！天后赫拉和智慧女神雅典娜悻悻地转身离去……

爱神从海浪里诞生

——品析波提切利的《维纳斯的诞生》兼精彩作文

画家与画

维纳斯是罗马神话中美丽的爱与美之神。传说她是巨神克洛诺斯把自己的父亲乌拉诺斯的肢体投入海中时，从海中被肢体激起的泡沫中诞生的。《维纳斯的诞生》是波提切利的代表作之一，裸体的维纳斯像一颗珍珠一样，从贝壳中站起，升上海面，显得那么娇柔无力。左侧的风神把春风吹向维纳斯，而春神则在岸上迎接她，准备将华丽的锦衣披到维纳斯身上。在轻风的吹拂下，玫瑰花绕着维纳斯窈窕而柔美的身姿飘舞。画的背景是无边的海水、肥沃的土地和茂密的树林。维纳斯的步子仿佛没有承受任何重量似的飘逸，好像处于有推动力的旋律之中。

微教案

一、整体浏览

1. 简述神话故事：维纳斯诞生。

2. 认识画面形象。

贝壳上的站立者：维纳斯。

飞在空中者：风神和花神。

海岸等候者：春神。

二、背景想象

1. 想象一下故事发生的地点。（爱琴海碧波荡漾，海岸上是碧绿的橄榄树）

2. 想象一下故事发生的时间。（宁静的早晨，阳光洒在海面上）

3. 人们是怎样等候这一神圣的时刻的？（从风神、花神、春神的心理、表情、动作等方面阐述）

三、正面观察

1. 维纳斯是怎样诞生的？（从海中升起，脚踩贝壳）

2. 描述一下维纳斯升起时的样子。（苗条的身材，金色的头发，碧蓝的眼睛，羞涩的表情）

四、侧面观察

1. 风神、花神和春神有什么反应？他们是怎么做的？

2. 海浪、游鱼、飞鸟们又有什么表现？

教师作文

爱神从海浪里诞生

那是很久很久以前一个宁静的早晨，辽阔的爱琴海与蓝天相接，一丝风也没有，海面平静得像一面镜子，倒映着蓝天和白云。清晨的第一缕阳光洒在海面，顿时，海面闪起耀眼的金光。

这一天注定是一个神圣的日子，爱与美之神维纳斯即将诞生。春神沐浴、熏香，穿上最漂亮的白底花衣裙早早地等候在岸边。昨夜她用星星与月光为维纳斯织了一件华丽的锦衣，今早也带来了。岸边的橄榄树穿着绿裙排成行，伸展着碧绿的枝条恭迎维纳斯的到来。风神与花神飞翔在海天之间，四处张望，寻找维纳斯诞生的方向。

太阳越升越高，大海依然风平浪静。不管是天上的飞鸟还是水里的游鱼都静默不动了，以虔诚的心等待那一神圣时刻的到来。

海面泛起微微的波纹，隐隐约约闪着迷离的金色光晕。紧接着，波纹越来越大，竟泛起了白色的浪花。“哗啦啦……”海浪一排赶着一排向岸边涌来。浪花追逐着，跳跃着，欢笑着，映着阳光，闪着金色的光芒。

啊，一只硕大的贝壳从大海深处冒了上来，好像有一只巨人的手把它托上来似的，闪着万道金光！春神、风神、花神还有橄榄树以及所有的花鸟虫鱼都把目光投向那只神奇的贝壳。贝壳优雅地慢慢张开，一阵奇特的香味弥散开来，那一定是来自天国的香气，是那样地令人神清气爽，心旷神怡。春神看见张开的贝壳里孕育的不是价值连城的珍珠，而是一个倾国倾城的美丽少女！啊，那不是维纳斯吗？她睁开惺忪的睡眼，缓缓地站起来，微风吹拂着她金色的长发，她美得无与伦比。她身材高挑，亭亭玉立，"手如柔荑，肤如凝脂，领如蝤蛴，齿如瓠犀，螓首蛾眉，巧笑倩兮，美目盼兮"。刚出生的维纳斯身体还显得有点儿柔弱，表情还略带点儿惆怅，双目含着淡淡的忧伤。春神、风神和花神简直看呆了，一时忘记了迎接维纳斯的任务，任由维纳斯在海上漂着……

过了好一会儿，风神才鼓起了腮帮，向维纳斯吹来徐徐的暖风，把她吹向长着橄榄树的美丽土地。花神赶紧把嵌着金蕊的玫瑰花随风撒向维纳斯，玫瑰花漫天飞舞，漂亮极了，这是花神送给维纳斯的礼物。维纳斯终于漂到了岸边，春神满脸笑容，马上展开那件红色花袍，把它披在维纳斯的身上。维纳斯为了爱与美而降临人间，不仅使春天更加美丽，让春风传递着爱，也让四季都有了爱的阳光。

"爱从美开始，终结于欢心……"浪花欢唱起来，穿着绿裙的橄榄树跳起舞来，天上的飞鸟、水里的游鱼都齐声歌唱起来。

为了拯救苦难的世界

——品析拉斐尔的《西斯廷圣母》兼精彩作文

画家与画

《西斯廷圣母》为拉斐尔“圣母像”中的代表作，它以甜美、悠然的抒情风格而闻名遐迩。这幅画作有着特定的意义，是为西斯廷教堂绘制的祭坛画。由于此画的主题人物是“圣母”，因此，这幅画被后人命名为《西斯廷圣母》。

拉斐尔善于把“神”画成具有“人”的形象，整幅画没有丝毫造作，只有简单朴素。他画的圣母就是生活中神态优美、心地善良的普通母亲的形象。圣母哀念人类的悲苦，怀抱孩子来到人间。画家凭借两个小天使的天真眼神，使画面更富有纯洁无瑕的气息。13世纪意大利伟大诗人但丁对这位天神降临人间的母亲唱出了至尊至敬的赞歌：“她一边走着，一边在倾听颂扬，身上放射着福祉的温和之光，仿佛天上的精灵，化身出现于尘壤。”《西斯廷圣母》体现了拉斐尔独特的画风和人文主义思想，集高雅、柔媚、和谐、明快于一体，使观赏者获得清新、纯洁、高尚的精神享受。

微教案

一、知识铺垫

传说圣母玛利亚是一位人类的救世主，她怀孕、生产、养育了耶稣。面对多灾多难的世界，圣母毫不犹豫地献出自己心爱的孩子，来拯救人类的苦难。《西斯廷圣母》画的就是圣母怀抱儿子来到世界的情景。

二、整体观察

1. 说说你欣赏完这幅画的心情。

2. 画面可以分为哪几个部分？（画中怀抱婴儿者即圣母，她脚踩云端，飘然而来；左侧是教皇西斯廷二世；右侧是圣女渥瓦拉，她代表着平民百姓欢迎圣母驾临；画的下方是两个小天使）

三、观察圣母

1. 你觉得这是一个怎样的圣母？（美丽、慈祥、伟大）

衣着：红色的连衣裙、蓝色的圣袍。

面容：秀美、安详、和蔼可亲，美丽的眼睛中似乎蕴含着一丝忧郁。

动作：怀抱婴儿，缓步走来。

2. 想象一下圣母当时会想些什么。

四、复活画面

圣母抱着婴儿来到了人世，教皇和圣女是怎么欢迎他们的？两人分别是什么表情？他们会说些什么话？

教师作文

为了拯救苦难的世界

宁静的圣诞节，庄严、肃穆的西斯廷大教堂，恬静而轻柔的音乐在空中低回。

忽然，一阵微风拂过，厚重的深色帷幔向两边徐徐拉开，一团五彩的云雾涌进教堂。在人们的惊讶声中，圣母玛利亚怀抱婴儿耶稣脚踩祥云，冉冉降落，微风吹起玛利亚的头巾与裙边。

“啊，圣母！”惊喜万分的信徒们不住地在胸前画着“十”字，脸上漾起了幸福的微笑。教皇西斯廷二世披着金黄色的法衣，衬着白色的长袍，代表人间至高无上的权力，他连忙跪下来恭敬地望着圣母，一手捂着胸口，一手指着喧嚣的人间，仿佛在说：“欢迎，快把耶稣赐给人间，让他来拯救这罪恶的世界，拯救人类的灵魂吧！”年轻美丽的圣女渥瓦拉，代表平民百姓前来欢迎圣母。她妩媚动人，目光下垂，双手抚在胸前，虔敬里略带羞怯，似乎在为母子俩祈祷，又好像在为天下百姓祝福。两个长着翅膀的小天使趴在栏杆上，睁着水汪汪的大眼睛仰望圣母的降临。

圣母玛利亚穿着红色的连衣裙，外面罩着蓝色的圣袍，轻轻地降落，赤脚踩在云雾缭绕的人间舞台上。圣母面容秀美，显得恬静、安详、和蔼可亲，可是她脸上没有微笑。为什么气质高贵的圣母眉宇之间会充满忧郁，那双明亮的眼睛仿佛深藏着一层淡淡的哀愁。她茫然地望着芸芸众生，为了拯救全人类，她将不得不牺牲自己的爱子。小耶稣赤身裸体，平静地依偎在圣母的怀里，风吹乱了小耶稣的头发，他把头紧紧地与母亲靠在一起，在享受母爱的温暖。他睁着一双秋水般清澈的大眼睛望着人间。不知他知不知道，他就要离开母亲，只身来到人间，来拯救苦难深重的人类，唤醒人性中的真、善、美。

站在从天而降的圣母面前，当我们注目凝视时，仿佛她正向我们走来，她年轻、美丽、庄重、平和，细看那颤动的双唇，仿佛听到圣母的祝福。

13 世纪意大利伟大诗人但丁对这位降临人间的圣母唱出了至尊至敬的赞歌：“她一边走着，一边在倾听颂扬，身上放射着福祉的温和之光，仿佛天上的精灵，化身出现于尘壤。”

美丽的诱惑

——品析雷尼的《诱拐海伦》兼精彩作文

画家与画

圭多·雷尼（1575—1642年），意大利画家。他的父亲是一位音乐家，他从小受到良好的教育。雷尼最初师从于卡里瓦尔特，后来进入波伦亚美术学院，受到卢多维科·卡拉齐的指导。雷尼的画具有严谨的素描、明快的色彩，富有抒情的意境，风格很接近拉斐尔和柯勒乔。他那温柔、细腻、圆浑的曲线美造型，很受上流社会欢迎。

《诱拐海伦》是雷尼最经典的作品之一，取材于浪漫美丽的古希腊神话，表现的是特洛伊王子帕里斯牵着海伦离开王宫的场景。在这幅作品中，雷尼延续了他一贯严谨而富有深意的画风。画面在明快的色彩中流露出诗一般的意境，以及温柔、细腻、圆浑的曲线美造型，但又不失大气。笔下人物贵族气质十足，穿着时尚而华丽，庄重高贵之美油然而生。这些闪耀之处使得作品的整体效果足以与拉斐尔和柯勒乔的作品相媲美。

微教案

一、故事介绍

这是一个浪漫美丽的希腊神话。

海伦，是天神宙斯与勒达所生的女儿，是那个时代最美丽的女子。海伦一直跟随继父斯巴达国王廷达瑞俄斯长大。后来，斯巴达国王选中阿伽门农的兄弟墨涅拉俄斯做海伦的丈夫，并将斯巴达的王权交给了墨涅拉俄斯。有一年，特洛伊王子帕里斯来到希腊，要接走早年被劫掠而来的姑母赫西俄涅。帕里斯见到海伦后，竟无法自拔地爱上了这位已育有一个女儿的斯巴达王后，并迅速忘却了此行的最初目的。帕里斯娓娓动听的话语和热情洋溢的眼神，早把海伦那颗没有防备的心迷惑得不知所措。终于，特洛伊王子带领部队冲进了斯巴达王宫，洗劫了国王的财产并带走了已爱上他的王后海伦。

二、欣赏画面

1. 认识画面形象。

海伦：长裙飘舞，姿态优雅，脸庞白净，表情娇媚。

王子：服饰华丽，身材魁梧，牵着海伦。

侍女：衣着鲜丽，手捧珠宝。

卫士：一身戎装，满面春风，热情带路。

丘比特：狡黠地一笑。

2. 欣赏画面背景。（晴朗的天空，碧波荡漾的大海）

三、大胆想象

1. 观察海伦的表情，她脸上带着微笑，那是为什么呢？（是因为特洛伊王子英俊、多情、多才多艺，还是在憧憬明天的美好生活……）

2. 海伦就要离开自己的父母之邦了，她的心情如何？（与女儿分离，有痛苦吗？背叛了自己的丈夫，有愧疚吗？担心自己的未来，有忧虑吗？……）

四、身临其境

假如你亲眼看到了眼前的这一幕，想象一下，他们一路上会说些什么？你是怎么评价这件事的？

教师作文

美丽的诱惑

蓝天，丽日，爱琴海碧水苍茫。

一群衣着鲜亮的人簇拥着斯巴达王后海伦向岸边缓缓走来。一身戎装的特洛伊王子帕里斯手牵着海伦，他终于如愿以偿地得到了世界上最美丽的女子，脸上抑制不住幸福的微笑。海伦看着风流倜傥、英气逼人的王子，白玉雕琢般的脸庞泛起晨曦般妩媚的红晕，同样是喜在心头。英俊的卫兵手执兵器，在前面带路。美丽的侍女捧着珠宝紧随海伦身后。海伦喜爱的宠物狗和小猫也跟着来了。天使举着火把飞翔在空中，淘气的爱神丘比特向这对情意绵绵的情侣投来了意味深长的一瞥。

装饰华美的彩船静静地停在岸边，跨上彩船，就意味着离开故土，一阵酸楚不由得袭上海伦的心头。谁不爱自己的父母之邦？海伦想起了自己的丈夫——年轻的国王墨涅拉俄斯。那也是一代盖世英雄，他们曾经深深地相爱过，有过海誓山盟，还生了一个美丽的公主。可是，年轻的国王爱江山，不爱妻子，长年东征西战，把长长的思念、深深的寂寞留给了王后。海伦多想走出王宫，伴着丈夫，携着爱女，赏春风，赏秋月……可是这些国王没有给她。

“请上船吧。”卫兵指着泊在岸边的彩船，摆出一个“请”的动作。海伦看了一眼身边的王子帕里斯，嘴角又漾起了一丝笑意。他带领千军万马不远千里来到斯巴达，好像就是为征服海伦的芳心而来。记得那天她在王宫热情大方地接待了前来造访的帕里斯王子，两人一见倾心。王子明眸含情，谈吐优雅，弹得一手好琴，令她心醉神迷，忘却了自己贵为王后，不由地翩翩起舞……

彩船缓缓地驶离岸边，再见了，斯巴达！再见了，墨涅拉俄斯！再见了，我亲爱的女儿，愿你原谅母亲，愿你健康成长！海伦朝着远处雄伟的斯巴达城挥手再见。忽然，她双眉紧锁，刹那间乌云笼罩了她倾国倾城的美丽脸庞，只见斯巴达城门洞开，墨涅拉俄斯带着一队荷枪实弹的人马飞奔而来！

“呼——呼——”平静的爱琴海刮起了一阵狂风，海伦和帕里斯乘坐的彩船风驰电掣，风帆鼓得满满的，船舷溅起一丈多高晶莹的浪花……

涧水流殇

——品析米莱斯的《奥菲莉亚》兼精彩作文

画家与画

约翰·埃弗里特·米莱斯（1829—1896年），英国画家。他出生于南安普顿，幼年就表现出非凡的绘画才能。10岁时，他的绘画就获得了艺术协会颁发的银质奖章。据说当时他的个子还没有讲台高，只能站在凳子上领奖。1848年，他和亨特、罗赛蒂共同组织“拉斐尔前派协会”，热衷于以古典历史、神话传说和文学作品为绘画的题材。

《奥菲莉亚》取材于莎士比亚的戏剧《哈姆雷特》：丹麦国王的弟弟克劳狄斯为谋取王位，用毒药毒死国王。国王的阴魂向儿子哈姆雷特诉说了自己被害的真相。哈姆雷特要为父报仇，不想却误杀大臣波洛涅斯——深爱着的奥菲莉亚的父亲。奥菲莉亚闻讯后病了，整天唱着古怪的歌到处游荡，后来不幸落水身亡。米莱斯选择了奥菲莉亚刚要把编的花圈挂上树枝却落入水中的情节。米莱斯表现了人间最美丽的景色，那些水边的小花，仿佛使人闻到它们散发出的芳香，溪水在静静地应着奥菲莉亚歌唱；她终于摆脱了这罪恶深重的尘世，漂向无忧的世界。画家以极工细、精湛、写实的技巧和神奇的画境，震惊了当时的英国画坛。

微教案

一、背景介绍

《哈姆雷特》是由莎士比亚创作的一部悲剧作品。戏剧讲述了哈姆雷特的叔叔克劳狄斯谋害了哈姆雷特的父亲，篡取了王位。老国王的阴魂向哈姆雷特诉说了自己被害的真相，哈姆雷特决定为父王报仇，却误杀了大臣波洛涅斯——深爱着的奥菲莉亚的父亲。奥菲莉亚是《哈姆雷特》中的悲剧人物，是美好而脆弱的事物的象征。她深爱的王子杀死了自己的父亲，皇室的阴暗和爱情的无望让这位纯情的少女精神彻底崩溃，最终选择了死亡。

二、观察画面

1. 环境：什么地方？有什么特点？

静谧 {溪涧：清澈，静流
　　　溪畔：败柳，野花，小草

2. 人物：水中的人物有什么特点？

安详、平静 {容貌：美丽，脸色略苍白
　　　　　　动作：飘浮，双手微举，低唱
　　　　　　神色：坦然，似乎陶醉于碧波之上

三、大胆想象

1. 奥菲莉亚与王子哈姆雷特有过童话般的爱情故事，在临死前，她的脑海里会回放哪些画面？

2. 当得知哈姆雷特杀死了自己的父亲时，可怜的奥菲莉亚会有怎样的表现？

四、诗文链接

法国诗人阿尔蒂尔·兰波有感于奥菲莉亚的悲剧故事，写了一首长诗——《奥菲莉亚》。请欣赏其片段。

奥菲莉亚（节选）

（法国）阿尔蒂尔·兰波

雪白的奥菲莉亚宛如一朵圣洁的百合花
漂流在引得繁星入梦的平静而阴郁的波涛上，
飘飘悠悠地渐渐远去，安眠中裹着长长的轻纱……
——她从遥远的树林里听见猎人的号角声在回荡。

一千多年了，满面愁容的奥菲莉亚素衣缟服的幽灵
从这漫长而忧伤的大河上飘然而去。

一千多年了，她温柔而狂热的爱情
迎着黄昏的微风悄悄地唱起她的浪漫曲。

晚风亲吻着她的胸脯，吹开她柔美的轻纱，
这花冠般的轻纱因波浪而舒缓地飘动；
微微颤抖的柳丝扑在她的肩头泪如雨下，
芦苇向她耽于沉思的高贵的面容频频鞠躬。

被碰伤的睡莲纷纷在她的四周叹息；
她偶尔从一株沉睡的桤木中唤醒
某个鸟巢，从巢中只听得翅膀一阵轻微的战栗；
——一片神秘的歌声于是从金灿灿的繁星中降临。

教师作文

涧水流殇

幽静的山涧，一泓清水纤尘不染，河底青绿的苔草清晰可见。

一位绝色少女仰面飘浮在碧水之上，双手上举，手中的花环飘浮水面。鲜花、野草、树枝伴着展开的裙裾轻托着她，像小船一样悠悠地在水中轻轻飘荡。少女倾国倾城，有着东方古典的美，她手如柔荑，肤如凝脂，明眸皓齿，丹唇外朗，一头秀发随着柔波飘荡。溪水潺潺地流着，少女一脸坦然，世间的一切恩爱情仇好像都已化为乌有。她好像陶醉在碧波之中，微微张着双唇，依然唱着古老的歌谣，尽管没有人听见，尽管只有清澈的溪水应和着……

你是谁？你为何漂浮于这无人问津的山间溪涧？你又要漂向何方？

哦，从你低唱的歌声里，我听懂了，原来你是御前大臣的金枝玉叶——奥菲莉亚。你貌若天仙，冰清玉洁，纯洁得就像这山涧的清泉！王子哈姆雷特疯狂地爱着你，他说：“我爱奥菲莉亚，四万个兄弟的爱合起来，也抵不过我对她的爱。”那是一种日月可鉴的爱，刻骨铭心的爱呀！你也深深地爱着他，愿意做他的新娘，一生一世，执子之手，与子偕老。

你们拥有童话般美丽的爱情。可是命运弄人，王子哈姆雷特的肩上担着江山社稷，他爱美人，更爱万里河山。那一天，王子为老国王复仇，误杀了你最爱的父亲……那一刻，你心灵的天空瞬间坍塌！

王子被驱逐出境，父亲命丧九泉。美丽、善良的奥菲莉亚呀，你悲愤交加，你不停地问：这是为什么？这是为什么呀？

你疯了，但爱没有疯。你把自己打扮得漂漂亮亮的，一遍又一遍地唱着古老的歌谣，跑遍了王国的千山万水，采来了千朵万朵七色的鲜花，编织出千个万个缤纷的花环……你把紫罗兰装饰在王子座椅的扶手上，你把花环摆放在王子走过的路上。今天，你又扎了一个鲜艳的花环，挂到溪边的柳树上，希望潺潺的溪水捎去你对王子的思念。谁知，天不佑你，天不佑圣洁的爱情，柳枝折断，你跌落水中……

涧水静流。

美丽善良的奥菲莉亚静静地漂泊在碧水之上，喃喃地唱着古老的歌谣。无人问津，只有摇曳的水草为她牵挂，只有溪畔的依依垂柳为她送行，只有溪畔的青青小草、点点白花为她绽放美丽，送去芬芳……

千年等一回

——品析华多的《舟发西苔岛》兼精彩作文

画家与画

让·安东尼·华多（1684—1721 年），18 世纪法国洛可可时期最重要的一位画家。

华多本人并非贵族出身，他是一个以烧砖瓦窑为生的农村手工业者的儿子。1702 年，华多来到巴黎，在画店里当学徒，起初为趣味不高的雇主临摹一些古典作品，后来到一个舞台美术家的工作室当助手，这使他对戏剧产生了浓厚的兴趣，在后来的艺术生活中，他不但经常描绘演员的生活，还在自己的油画中大量地吸收舞台场面的构图方式。华多的画作中描绘的大都是华丽高雅的场景，但其中含有忧郁的气氛，使人感觉到生活的琐碎和无奈。

华多才华横溢，生命却极为短暂。1721 年，年仅 37 岁的华多因肺病复发，咯血不止，在马斯河畔诺让市自己的画室中与世长辞。华多死后留下了大量精美的素描手稿，这些手稿被后人称为《千姿百态的形象》的宝贵画册，对后来的法国印象派画家有着深远影响。

《舟发西苔岛》是华多最负盛名的代表作，也是他的成名作。画里既洋溢着轻松愉快的气氛，也包含着华多梦幻世界里的淡淡忧郁。

微教案

一、画面简介

传说茫茫的大海上有个美丽的西苔岛，爱神和诗神就居住在那里。通往西苔岛的码头谁也不知道，只有天神宙斯知道在哪里，可是宙斯不轻易告诉人们。几百年过去了，有一天，宙斯开恩了，撩开了神秘的迷雾，人们终于看到了通往西苔岛的码头，少男少女们纷纷前往。《舟发西苔岛》描绘的正是三姐妹各自带着自己的恋人准备乘船前往西苔岛寻求天堂胜景和永恒之爱的情景。

二、整体浏览

1. 整个画面给我们怎样的感觉？

神秘：晨光缥缈，云雾缭绕，天使飞翔。

美丽：青山，古树，鲜花。

华贵：人们穿着华丽。

2. 画面可分为哪几个部分？

远景：虚无缥缈的远山远水。

中景：正要下船的人们。

近景：老树下流连的人们。

三、选点观察

请将视线从画上移开，哪一个地方留给你的印象最深？如画中的二公主。

画中的二公主
- 穿着：玫瑰红的外衣里套着洁白的长裙
- 表情：脸上洋溢着幸福的笑容
- 动作：坐在岩石上

四、身临其境

假如你也置身于现场，你看见了什么？听见了什么？

教师作文

千年等一回

传说茫茫的大海上有个美丽的西苔岛，那是人间的天堂，是世外桃源，女神维纳斯就居住在那里。

多少人向往那个神秘的地方，可是谁也不知道西苔岛在哪里，也不知道从哪一个码头出发才能到达。据说，天神宙斯只开恩过一回，驱散层层迷雾，让人们发现了那个前往西苔岛的神秘码头。

那是一个宁静的清晨，三位公主带着各自的恋人赶到了码头。前往西苔岛的人已经来了不少，大家都满面笑容。女人们穿着华贵，打扮得花枝招展，男人们则西装革履，举止优雅，风流倜傥。神秘的码头掩映在枝繁叶茂的千年古树下，金色的晨曦在碧绿的树叶上跳舞，有的不小心滑落下来，在地上留下了一个金色的光影。岸边是绿茵茵的草地，开着黄的、红的花儿。小天使们早早地来了，在古树上、在碧空中、在海面上快乐地飞来飞去。

那位一袭墨绿色衣裙的该是三公主吧，她兴奋地嚷着："多么美丽的地方呀，那里一定就是西苔岛吧!"她坐在维纳斯神像下，随手将洋娃娃往草地上一放，仰面躺在草地上，呼吸着泥土与花朵的芳香，任凭晨风从脸庞轻轻拂过，绿叶落在她的脸上，她陶醉了。她的恋人坐在她的身旁，充满爱意地看着她，脸上洋溢着幸福的笑容。

二公主身穿玫瑰红的长衫，套着白裙，显得格外引人注目。她端坐在一块岩石上，双手捧着一本书，如痴如醉地读着。她的恋人虽然身材并不魁梧，但气质优雅，他侧身靠着二公主半卧在草地上，两人分享着书中精彩的内容。他一定很幽默，不时对着二公主耳语一番，二公主笑得更灿烂了。

那位穿着黄色衣裙的准是大公主了。恋人搀扶着她向岸边走去，忽然身后传来一串银铃般的笑声。她扭头一看，原来是一位慈爱的父亲拉起坐在草地上的金发女孩，女孩撒娇着不愿意离开。大公主脸上露出会心的微笑，冲着二公主和三公主嚷道："别磨蹭了，快开船啦!"

岸边停着一只金碧辉煌的彩船，船舷围着玫瑰花，桅杆已经立起，升起了粉红色的风帆。天使们背着一对小巧的翅膀，绕着风帆飞来飞去，样子很可爱。人们争先恐后地跨上彩船，笑着，唱着，嚷着……

三位公主终于挤上了彩船，撒娇的女孩也上了船，岸上再美，怎比得上西苔岛的美丽呢，再说，这可是千载难逢的机会，谁又肯轻易错过呢?

彩船缓缓地离开码头，乘着暖风向前驶去，金色的浪花唱着快乐的歌。天使们在前面带路，所有的人都注视着远方。远方的云雾朦朦胧胧，分不清是大海还是天空，那一定是西苔岛吧?

愿为爱流最后一滴血

——品析达·芬奇的《最后的晚餐》兼精彩作文

画家与画

《最后的晚餐》不仅标志着达·芬奇艺术成就的最高峰，也标志着文艺复兴时期艺术创造的成熟与伟大。这幅作品达到了素描表现的正确性和对事物观察的精确性，在构图处理上也取得了巨大成就，人物形象的组合构成了美丽的图案，画面有着一种轻松自然的平衡与和谐。这幅画是受人委托为圣母玛利亚教堂修道院绘制的，达·芬奇从1495年开始创作，花了三年多的时间才成就了这幅千古佳作。《最后的晚餐》与米开朗基罗的《最后的审判》、拉斐尔的《雅典学院》并称为文艺复兴全盛时期的三大杰作。

《最后的晚餐》取材于基督教《圣经》中耶稣被他的12门徒之一犹大出卖而牺牲的传说。画家选择了耶稣告诉弟子有人出卖他的这一戏剧性的瞬间，着重刻画了包括犹大在内的12个门徒听到耶稣突然宣布这一惊人的消息后表现出的各自的内心世界，表达了画家对善与恶、美与丑、崇高与卑鄙的鲜明爱憎。

微教案

一、背景导入

基督教是对奉耶稣为救世主的各教派的统称。在人类发展史中，基督教扮演着非常重要的角色，它与佛教、伊斯兰教并称为世界三大宗教。耶稣拥有对未来发生之事先知的本领。

耶稣的12门徒之一犹大，偷偷勾结敌人，愿以30块银币出卖耶稣。在逾越节的晚上，耶稣与12门徒共进晚餐，耶稣告诉门徒们："你们之中有一个人出卖了我。"耶稣说出这句话后，12个门徒会有什么反应呢？

二、观察画面

1. "你们之中有一个人出卖了我。"耶稣说完，门徒们有什么反应呢？

画面自左向右：

(1) 巴多罗买——激动，手按桌子，已站起来，身体前倾。

(2) 小雅各——理智，一手指向前面，拉前面情绪激动的人。

(3) 安德烈———头转向耶稣，双手举起，很关切发生的事态。

(4) 彼得——急躁，手中握着刚刚切面包的刀，身体前倾幅度较大。

(5) 犹大——惊恐，身子后仰，右手紧握钱袋。

(6) 约翰——悲伤，歪着身子及脑袋，眼睛向下看，一只手有气无力地放在桌上。

(7) 耶稣——平静。

(8) 老雅各——惊奇，张开双臂，挡住另外前倾的二人。

(9) 多马——疑惑，伸出一根手指，脑袋前伸，似乎在向耶稣求证。

(10) 菲力——急于表白，双手掩胸指向自己，头前倾微侧。

(11) 马太——双手指向中间，头却向相反方向询问。

(12) 达太——注重求证，头前倾至旁人嘴边，希望得出确切真相。

(13) 西门——无可奉告，双手摊开，并侧头向旁人表白。

2. 人们说达·芬奇的画是无声的，但他所表现的画面中人物形象的动态意味着即将迸发出来的话语。画面上的12门徒在听到耶稣说完的那一刻，会说些什么话？

三、重点观察

1. 达·芬奇是如何让观画者从他的画中分辨出犹大这个叛徒的？

犹大：
- 惊恐的面容
- 身子向后倾
- 神情紧张
- 右胳膊支在桌上，手里抓着钱袋

2. 观察耶稣，他明知道是犹大出卖了他，为什么不说出来？

耶稣：
- 安然而坐
- 摊开双手
- 面目慈祥
- 话语平静

四、身临其境

假如你在现场，请你把看到的、听到的、想到的连起来说一说。

教师作文

愿为爱流最后一滴血

这是逾越节的晚上，耶稣和他的门徒们在一起共进晚餐。

餐桌上摆放着美酒佳肴，飘溢出浓浓的香味。耶稣坐在餐桌的中央，两旁分坐着12位门徒。一圈圣洁的光环罩着耶稣的身体，明晰地投射在他身后背景墙的窗子里。透过窗子，我们可以看见太阳刚刚下山，山岗、田野沐浴在柔和的夕晖中，显得那么恬静、安详。

耶稣摊开双手放在餐桌上，双眼望着门外，神情平静地告诉门徒们：“明天我就要遇难了，因为你们中间有一个人把我出卖了！自己的门徒把我出卖，我是多么伤心哪！”

耶稣的话使门徒们感到愕然、不可思议，大家不约而同地一跃而起，餐桌上骚动起来。

在耶稣的右手边，我们看到一个人身子朝后倚着，仿佛想往后退缩似的。他的手肘搁在餐桌上，手里抓着一只钱袋。他就是那个出卖耶稣的叛徒——犹大。袋子里装着的是出卖耶稣得来的30块银币！他一脸恐慌，却没有胆量挺身认错。

犹大旁边的彼得，满头银发，白皙的手搭在年轻的约翰的肩膀上，目光中似乎饱含着复仇的火焰，显然在对耶稣说：“请老师说出来，是谁出卖了您？我们先把他宰了！”约翰扭过头来，似乎在安慰彼得：“别急，事情总会水落石出的。”彼得垂在桌上的右手握着一把刀，刀尖对着犹大的后背，只要老师点个头，他马上血刃犹大。可耶稣的表情始终温和，彼得不能下手。

再看看耶稣右边靠外的三个人吧，安德烈因为震惊而举起了双手，小雅各一只手伸向前面的彼得，显然是劝告他别太激动。巴多罗买已经站了起来，身子向前倾，随时注意事态的发展。

再看看坐在耶稣左边的人，多马疑惑不解地竖起一根手指，似乎在问耶稣：“一个？就一个？”穿红衣的菲力“嚯”的一声站起来向耶稣靠去，双手放在胸前，似乎在说：“您知道我的心，您知道我是永远不会出卖您的。”他的脸由于爱和忠诚而显出苦恼的神情。老雅各急忙伸出双手，挡住不停前倾的多马和菲力。

画的右边还有3个门徒，秃顶的西门摊开双手，对身边的大胡子达太说：“怎么会发生这样的事情呢？真是知人知面不知心哪！”穿黑衣的马太盯着西门和达太，双手却指向耶稣，愤愤不平地说：“太可恶了！”大胡子达太无奈地摇摇头：“真有此事？那也太卑鄙了！”

耶稣依然保持平静，面对灾难来临依旧从容镇定。他拿起饼来，掰开后递给门徒们吃，然后又端起酒杯对门徒们说：“你们喝吧，这杯是我的血化成的，我的血是为大众流的，请你们不要怨恨迷途的羔羊，忘掉仇恨，远离仇恨，用一颗宽容的心去宽容一切。”他的目光饱含着慈爱。

江苏凤凰教育出版社
《行知工程》系列丛书目录

系列	序号	书名	主编	定价
创新教学探索系列	1	《品世界名画，学精彩作文 ——特级教师的“名画”作文教学法》	李日芳	36.00
	2	《玩出精彩作文——张化万活动作文教学经典策略》	张化万	35.00
	3	《〈红楼梦〉里的语文课》	李日芳	30.00
	4	《让学生把母语用精彩——“语用课堂”的探索与实践》	佘小红	30.00
	5	《“备”出课堂精彩——备学式教学的课堂实践与思考》	张旭兰	30.00
	6	《神奇的阅读教室——带学生踏上美妙的阅读之旅》	李祖文	30.00
	7	《打造有生命力的课堂 ——“两步八环节”教学模式探索与实践》	查联智	30.00
	8	《最能培养学生探究能力的课堂 ——小学科学与信息技术单元整体课程实施与评价》	李怀源	30.00
	9	《最能激发学生运动天赋的课堂 ——小学体育单元整体课程实施与评价》	李怀源	30.00
	10	《最能提升学生艺术素养的课堂 ——小学艺术单元整体课程实施与评价》	李怀源	30.00
	11	《“生命语文”探索——焕发语文生命力的思考与实践》	王自成	30.00
	12	《粘连作文教学：让习作成为有个性的自我建构》	黄瑞夷	30.00
	13	《备学式教学——在体验中建构数学思维》	单广红　范雪梅	30.00
	14	《向着自主进发——自主教育的创新实施智慧》	朱亚红	30.00
	15	《写中学——让学习更有效的学科写作教学》	钟传祎	30.00
	16	《小学科学实验总动员——大科学课堂有效提升学生创新力》	江美华	30.00
	17	《小学语文单元整体课程实施与评价》	李怀源	30.00
	18	《小学英语单元整体课程实施与评价》	李怀源	30.00
	19	《小学数学单元整体课程实施与评价》	李怀源	30.00
	20	《让教学更能激发智慧——“思维碰撞”课堂的建构与实施》	程和方	30.00
教师修炼系列	21	《与学生一起成长——90后教师的心路反思》	王　晗	30.00
	22	《教育，爱与宽容——教师心灵礼仪修炼》	许力争	30.00
教育家核心思想系列	23	《叶圣陶论写作》	叶圣陶 著 李怀源 选编	30.00
	24	《叶圣陶谈阅读》	叶圣陶 著 李怀源 选编	30.00
	25	《多元智能理论的本土化应用》	刘治富	30.00
	26	《大教育家最具施教力的教学思想》	白刚勋	30.00

系列	序号	书　名	主编	定价
教育求索系列	27	《欣说教育那“一亩三分地” ——一位一线教师的教育微思考》	王庆欣	30.00
	28	《爱的守望——一位一线教师对教育的坚守》	林卫红	30.00
	29	《思政教学的人文力量》	戴晓华	30.00
	30	《师道新说——给教育者的30条箴言》	徐　卫	30.00
学生心理解码系列	31	《在人生的春天播种——十四岁，写给青春的一封信》	白宏宽	30.00
	32	《孩子问题行为一点通 ——只有好老师才知道的学生心理谜底》	严育洪	30.00
校本研修系列	33	《徜徉语文教研》	肖俊宇	35.00
	34	《校本研修资源的开发与利用》	陈朝林	30.00
	35	《校本研修与教师专业成长》	吴积军	30.00
	36	《卓越教师经典研修成长策略》	刘天宝等	30.00
	37	《特色校本课程开发范例解读》	刘永平　李秀伟 张雪梅	30.00
	38	《高效校本研修模型构建艺术》	刘素雁	30.00
	39	《走向实践的教研——中小学教育科研引领与应用》	江　敏	30.00
名校系列	40	《让每个孩子都成志 ——清华附小主题阅读课程的实施探索》	窦桂梅	30.00
	41	《让每个孩子都成志 ——清华附小主题实践课程的实施探索》	窦桂梅	35.00
	42	《向着朝阳走去——清华附小合作办学实践探索》	窦桂梅	30.00
精彩课堂系列	43	《给孩子更好的数学课堂》	易增加	30.00
	44	《小学生阅读素养的提升策略》	邵巧治	35.00
	45	《从语文素养走向生命成长 ——小学语文读写课堂教学密码》	曾海玲	30.00
	46	《真实的品德课》	朱淑秀	30.00
	47	《英语课堂学习共同体——新型的师生交互学习场》	杨延从	30.00
	48	《指导自主学习——初中数学学与教的研究与实践》	刘其武	30.00
	49	《玩出精彩的课堂 ——小学低年级教与学方式转变研究》	陶红松	30.00
	50	《让生命之花自主绽放——语文个性化教学建构策略》	商德远	30.00
	51	《让学生亲历知识——主体参与下体验式学习的实施策略》	何世祥	30.00
教育思想者系列	52	《高效教学的道与术——陶继新教育讲演录》	陶继新	30.00
	53	《名校之道——陶继新对话名校长（1）》	陶继新	30.00
	54	《教育，一切从孩子出发》	黄　俭	30.00

系列	序号	书　　名	主编	定价
教育管理力系列	55	《缔造唯美教育——延奎小学素质教育实施策略》	易增加	30.00
	56	《让普通学校崛起的 20 个细节——“生命为本”教育团队成长密码》	李其玉	30.00
	57	《“走”出教育的精彩：走动式学校管理文化构建》	罗　军	30.00
	58	《校长兵法：学校管理四十六计》	皮大鹏	30.00
班级文化系列	59	《活力班级的文化建设》	胡　珏	30.00
	60	《做幸福的班主任》	吕　丽	26.00
高效能教学系列	61	《高效能教师的 10 个好习惯（中学卷）》	张　瑾	30.00
	62	《让作文落地生根——提高写作实效的教学策略》	黄桂林	30.00
	63	《高效能作文教学 5 项修炼》	陈步华	30.00
	64	《高效能校长的 10 个好习惯》	张　勤	30.00
	65	《高效能教师的 10 个好习惯（小学卷）》	谢　英	30.00
	66	《高效能语文教学 5 项修炼》	王其华	30.00
新课程探索系列	67	《语文新课程的批判与重建》	葛桂斌	30.00
美国名师教学译丛	68	《美国名师游戏教学本土化应用：幼儿园》	（美）玛西娅 L. 泰特 著 胡珍　瞿菁　编译	30.00
	69	《美国名师游戏教学本土化应用：小学英语》	（美）玛西娅 L. 泰特 著 杨永华　张心影　编译	30.00
	70	《美国名师游戏教学本土化应用：小学数学》	（美）玛西娅 L. 泰特 著 谢艳红　编译	30.00
	71	《美国名师游戏教学本土化应用：小学科学》	（美）玛西娅 L. 泰特 著 刘丽萍　编译	30.00
	72	《美国名师游戏教学本土化应用：小学社会》	（美）玛西娅 L. 泰特 著 姜梅芳　编译	30.00
	73	《美国名师游戏教学本土化应用：小学音体美》	（美）玛西娅 L. 泰特 著 尹立志　编译	30.00
鲁派名师名校·教育探索者系列	74	《悦读立人——校园阅读文化体系构建策略》	杨世臣	30.00
	75	《教育智慧何处来——一位特级教师的思考手记》	付立金	30.00
	76	《和雅文化——校本课程的创新构建》	汤善香	30.00
	77	《让个性绽放精彩——学校课程体系整合与创生》	谢建伟　徐淑萍	30.00
	78	《让每个学生都幸福——最能润泽生命的学校文化建设》	谢建伟　张新喜	30.00
生态化校园系列	79	《文化管理——构建生态和谐校园的必由之路》	付全新	30.00
	80	《点燃学习的激情——构建校园生态化学习型组织》	杨树岳	30.00
	81	《课改突围——构建学校生态化教学体系》	杨树岳	30.00

系列	序号	书名	主编	定价
教育新思考系列	82	《语文教育向何处去》	王　丛	26.00
	83	《教育，就是做好普通的事》	孙志毅	27.00
	84	《走出语文的偏见——让学生体悟文本的原义》	丛智芳	30.00
	85	《让语文教学更高效——批注式阅读教学探索》	韩中凌	30.00
	86	《读写互促——探寻学以致用的语文教学》	曹　龙	30.00
	87	《跳出数学教数学——用文化融通数学教学》	马建秀	27.00
名师感悟系列	88	《让心灵伴着歌声成长——22 位音乐名师的教育智慧》	陈　璞	30.00
	89	《超越自我的教师——32 位名师的成长感悟》	李卫东　李秀伟	35.00
	90	《心灵的守护者——19 位名班主任的教育智慧》	王晓松　曲文弘	30.00
	91	《名师感悟班主任有效工作艺术 90 例》	符礼科	30.00
	92	《名师感悟有效教学 90 例》	林高明　徐玉烟	30.00
信息化教学系列	93	《巧用白板教语文——信息技术与语文教学操作指南》	蒋丽清	30.00
	94	《跨越式实现高效课堂 ——信息技术与课程整合高效教学方案评析》	陈　玲　刘　禹	30.00
教师必读系列	95	《教师必学的 16 堂修养课》	武宏伟	30.00
	96	《教师不可不知的教学心理效应》	叶勇军	30.00
	97	《班主任不可不知的管理效应》	奚一琴	30.00
	98	《教师不可不知的教育心理效应》	孙　媛	30.00
	99	《校长不可不知的管理效应》	谢申刚　张金豹	30.00
	100	《成为好教师的 7 项修炼》	王福强　李维华	30.00
	101	《如何让学生会学习》	龙　冰	30.00
	102	《如何让学生爱学习》	周震宇　许小燕	30.00
核心教学主张系列	103	《新生代语文名师核心教学主张》	许友兰	30.00
行思讲坛系列	104	《灵动而朴素地教语文——潘文彬的微格教育生活》	潘文彬	30.00
	105	《师爱无疆——润泽学生心灵的教育故事》	侯忠彦	30.00
	106	《怎样反思更有效 ——促进教师专业发展的反思策略》	诸贝贝	30.00
	107	《成为高度自觉的教育者——写给后课标时代的数学教师》	许卫兵	30.00
	108	《哲思数学课》	刘全祥	30.00
	109	《智慧数学课——黄爱华教学思维的实践策略》	黄爱华	30.00

系列	序号	书名	主编	定价
行思讲坛系列	110	《童趣数学课》	徐　芳	30.00
	111	《把学生教聪明》	严育洪	30.00
	112	《教师最应该规避的教育误区》	杨坤道	30.00
	113	《用语文的方式教语文——潘文彬教学主张与实践智慧》	潘文彬	30.00
	114	《怎样让阅读教学更有效——提升教学能力的十种读诵模式》	汪秀梅	28.00
	115	《让生命在润泽中起舞——当代小学生最需要的主题班会》	吴联星　罗　琳　冯卫东	30.00
	116	《让生命欢快拔节——当代中学生最需要的主题班会》	冯卫东　吴联星	30.00
	117	《课堂因生成而精彩——高效教学的生成智慧》	张文质	30.00
	118	《回到每一个人的生命化教育——张文质二甲中学教育行动录》	张文质	30.00
中国教育变革之路丛书	119	《百年树人师何为——教师队伍建设困顿与出路》	将丽珠　李玉向	30.00
	120	《入园何时不再难——学前教育困惑与抉择》	曾晓东　范　昕　周　慧	30.00
	121	《三尺书桌何处寻——流动人口子女教育困难与破解》	范先佐	30.00
	122	《苦旅何以得纾解——高考改革困境与突破》	郑若玲	30.00
	123	《择校纠结何时了——择校问题困局与治理》	曾晓东　周文海　曾娅琴	30.00
创新教学思想系列	124	《“大问题”教学的形与神》	黄爱华　张文质	30.00
校长领导力系列	125	《高品质学校生长要素》	王益民	30.00
	126	《校长高校教学领导力提升策略》	徐世贵　郭文哥	30.00
教育漫笔系列	127	《课堂，诗意地栖居》	吴书华	30.00
新思维系列	128	《教育中的“不一定”——打破教育的19种思维惯式》	严育洪	30.00
教学提升系列	129	《有思想地教阅读——让学生学会品读文字真意》	王学东	30.00
教育艺术提升系列	130	《藏在师生体态语言里的教学智慧》	张　宇　廖生波	30.00

系列	序号	书　　名	主编	定价
教学全手册系列	131	《小学习作教学全手册》	郭家海	30.00
	132	《中学写作教学全手册》	郭家海	30.00
	133	《情境教学操作全手册》	冯卫东	35.00
	134	《合作教学操作全手册》	李春华	35.00
	135	《探究教学操作全手册》	周新桂	35.00
	136	《自主教学操作全手册》	诸葛彪	35.00
	137	《创新教学操作全手册》	王　玮	35.00
	138	《班主任工作全手册》	刘沛华	35.00
	139	《新教师工作全手册》	周震宇	35.00
	140	《学生心理健康教育全手册》	刘海莉　刘春杰	35.00
	141	《高效教学操作全手册》	马友平	35.00
创新人才培养系列	142	《创新人才培养校园科普精品课程开发与指导——人大附中创新人才培养》	罗　滨	30.00
	143	《创新人才培养特色校本课程开发与创新人才培养——清华附中"国际安全下的科学技术"课程构建与实施》	王殿军　方　研 赵宏雁	30.00
	144	《创新人才培养：学校实验室建设与管理》	刘克文 杨发丽　杨　平	30.00
	145	《创新人才培养：数学探究活动开发与指导》	马云朋　韩继伟	30.00
	146	《创新人才培养：化学研究活动开发与指导》	王　磊	30.00
	147	《创新人才培养：物理探究活动开发与指导》	廖伯琴	30.00
	148	《创新人才培养：地理探究活动开发与指导》	张建珍　陈　澄	30.00
	149	《创新人才培养：生物探究活动开发与指导》	张迎春	30.00
	150	《创新人才培养：理念探索与思维突破》	王晶莹	30.00
新生代通派名师系列	151	《简约数学教学》	许卫兵	30.00
	152	《语文教学的本真——情意课堂展现母语之美》	吴建英	30.00
	153	《语文课堂的理想追求——欢快达成三维目标》	董一红	30.00
	154	《阅读教学的真髓——意象构建读出文学的真美》	祝　禧	30.00
	155	《美术教育的真谛——审美人生教育让生命绚丽成长》	陈铁梅	30.00
	156	《语文教学的理想境界——无痕教学润泽生命》	李　凤	30.00
	157	《儿童作文的本义——嬉乐作文让儿童乐并成长着》	王笑梅	30.00
	158	《名师是怎样炼成的》	王建明　王笑君	35.00
幼师成长系列	159	《幼儿行为背后——教师如何读懂幼儿的心思》	吴亚英	30.00
	160	《最具教育力的22种幼儿教育思想》	杨　达	30.00
	161	《幼儿教师必知的安全应急措施》	杨　达	30.00
	162	《幼儿教师必备的教育技能》	李　玲	30.00
	163	《卓越园长21条幼儿园管理策略》	周　丹　江东秋	30.00